DINGE, ÜBER DIE ICH MIR UNNÖTIGERWEISE DEN KOPF ZERBRECHE …

MICHELLE RIAL

DINGE, ÜBER DIE ICH MIR UNNÖTIGERWEISE DEN KOPF ZERBRECHE …

IN 100 GRAFIKEN DIE FRAGEN DES LEBENS BEANTWORTET

MICHELLE RIAL

Besuchen Sie uns im Internet:
www.ullstein-buchverlage.de

FSC
www.fsc.org
MIX
Papier aus verantwortungsvollen Quellen
FSC® C083411

Deutsche Erstausgabe im Ullstein Taschenbuch
1. Auflage Dezember 2019

Titel der amerikanischen Originalausgabe: *Am I Overthinking This?: Over-Answering Life's Questions in 101 Charts* (Chronicle Books, San Francisco)

First published in English by Chronicle Books LLC, San Francisco, California.
Übersetzung: Jutta Schiborr
Umschlaggestaltung: zero-media.net, München
Titelabbildung: © Michelle Rial
Design: © Rachel Harrell
Satz: Pinkuin Satz und Datentechnik, Berlin
Gesetzt aus der Pinch
Druck und Bindearbeiten: CPI Books GmbH, Ulm
ISBN 978-3-548-06135-1

100% DIESES BUCHES
SIND LENNY GEWIDMET

DIE ANDEREN 100% DIESES BUCHES
SIND FÜR MEINE ELTERN

INHALTSVERZEICHNIS

EINLEITUNG

IN DIESEM BUCH GEHT ES NICHT UM GRAFIKEN.

In diesem Buch geht es um Fragen. Fragen, die ich mithilfe von Grafiken, Diagrammen und Gegenständen aus dem realen Leben beantworte und veranschauliche. Fragen wie: Welchen Wein soll ich trinken? Wie sollte ich diese E-Mail beginnen? Brauche ich *wirklich* noch mehr Pflanzen?

In diesem Buch geht es um Ängste – meine Ängste, und deine vielleicht auch. Ich versuche darin die unendlichen Gedankengänge einzufangen, die wir selbst bei kleinsten Entscheidungen entwickeln, wenn wir grüblerisch veranlagt sind.

Dieses Buch träumt davon, auf deinem Kaffeetisch zu liegen – wenn auch hoffentlich nie als Untersetzer (mehr über den richtigen Umgang mit ausgeliehenen Büchern auf Seite 67). Es träumt davon, verschenkt zu werden – an eine Freundin mit einem Pflanzen~~tick~~, ähm, -hobby. Und es soll dich daran erinnern, dass es nicht immer nur eine richtige Antwort gibt – und dass manchmal die einzige Antwort darin besteht, einen Weg einzuschlagen und daran festzuhalten.

Dieses Buch hat mir geholfen, neue Wege zu gehen. Es ist die Antwort auf meinen langen Kampf mit chronischen Schmerzen, die meine Arbeit als Grafikdesignerin stark eingeschränkt haben. Jahrelang habe ich anspruchsvolle digitale Schaubilder und Infografiken erstellt und dabei unzählige Phasen erlebt, in denen die Krankheit immer wieder aufs Neue ausgebrochen ist. Weil ich zu vielen Dingen nicht mehr in der Lage war, musste ich meinen Job als Senior-Designerin bei Cool Media Company schließlich ganz an den Nagel hängen. Was ich zum Glück noch tun *konnte*, war, kleine Grafiken zu entwerfen – vorausgesetzt, sie waren einfach gehalten. So bin ich zu Stift und Papier übergegangen und habe, wenn meine Hände vom Zeichnen zu sehr schmerzten, hin und wieder den einen oder anderen Gegenstand hinzugefügt. Mit diesen einfachen Schaubildern konnte ich die Geschichte meiner vielen Ängste mit nur wenigen Strichen erzählen.

Dieses Buch hat mich nicht geheilt, doch es hat mir einen Grund zum Weitermachen gegeben.

Aber vielleicht zerbreche ich mir auch zu viel den Kopf.

UND ES GEHT DOCH UM GRAFIKEN IN DIESEM BUCH.

SICH DEN KOPF ZERBRECHEN ÜBER …

MEINE TÄGLICHE ROUTINE

WO SIND MEINE HAARGUMMIS ALLE ABGEBLIEBEN?

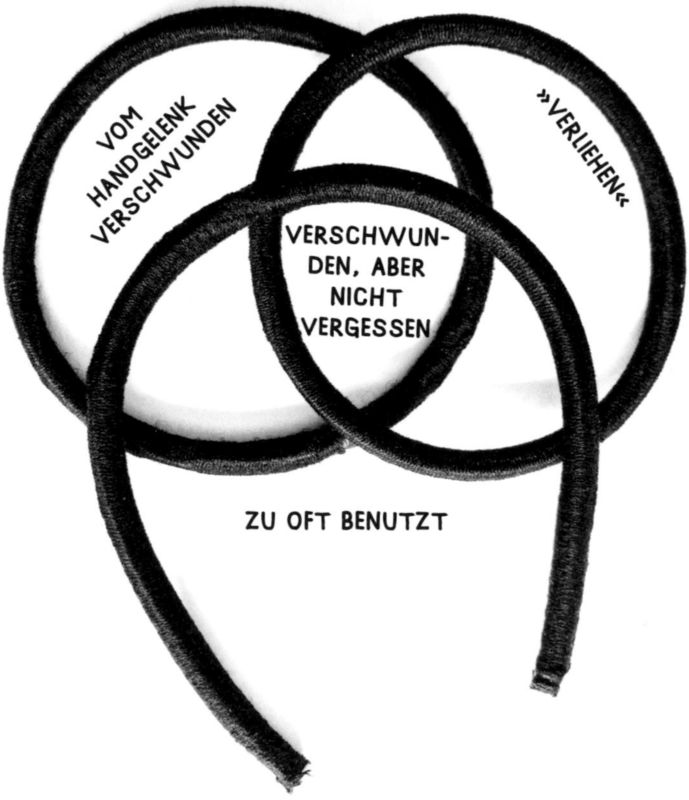

HABE ICH GENUG HAARNADELN?

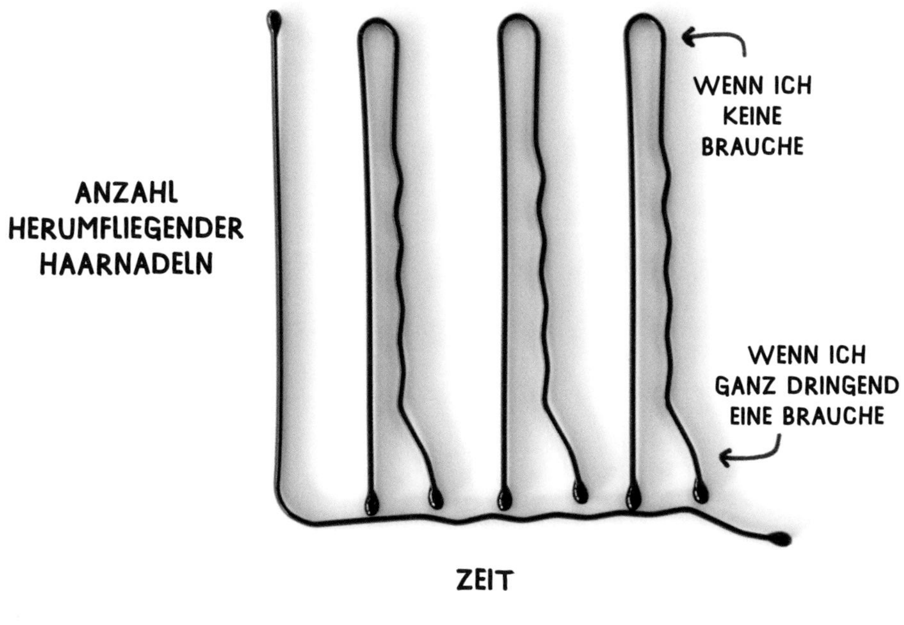

BENUTZE ICH OFT GENUG ZAHNSEIDE?

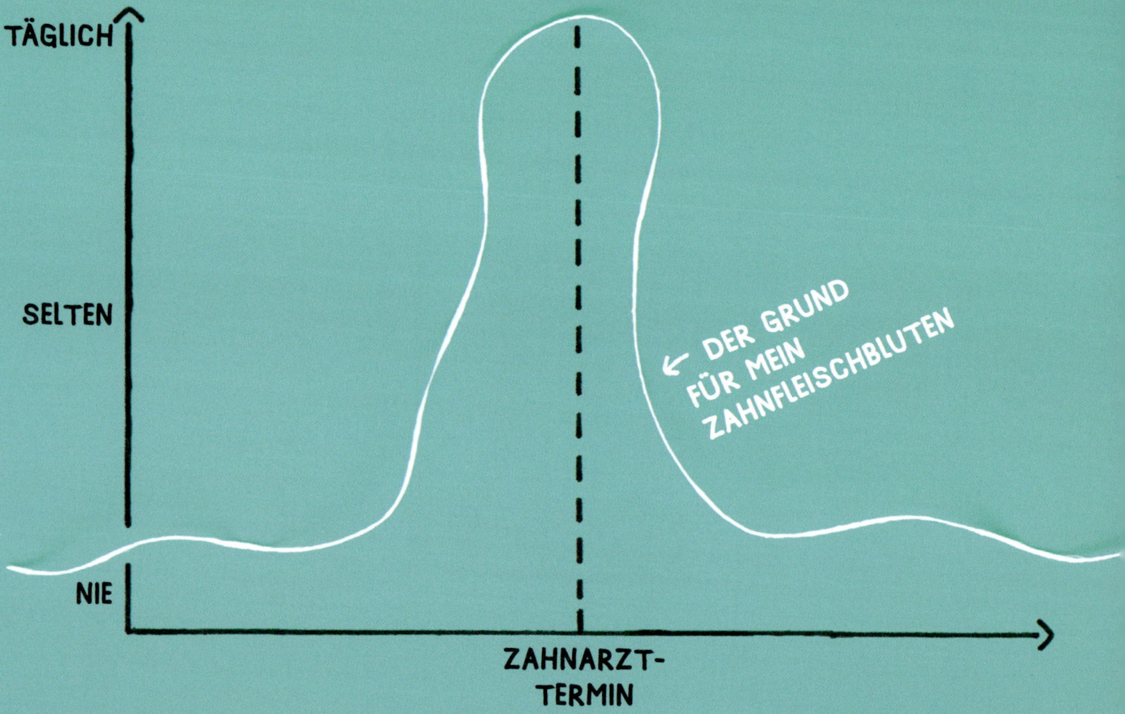

WIE LANGE SOLL DIESER TOPF EINWEICHEN?

A BENÖTIGTE EINWEICHZEIT

B HOPPLA, JETZT HAB ICH IHN DOCH GLATT VERGESSEN

SOLL ICH MIR LIEBER NOCH MAL DIE HÄNDE WASCHEN?

DRINNEN STRASSENSCHUHE TRAGEN

EIN HAUSTIER HALTEN

EIN ALTES GLAS ERDNUSSBUTTER

KNABBERSCHALEN IN BARS UND KNEIPEN

DIE OBE SEITE EI ALUDO

REISEGEPÄCK AUF DEM BETT ABLADEN

MEIN SMARTPHONE

E-READER

FLIEGEN

IM MEER BADEN

SWIMMINGPOOLS

BIBLIOTHEKEN

FLUGHÄFEN

BESTECKKÄSTEN IM FAST-FOOD-RESTAURANT

TRINKAUFSÄTZE

ESSEN

ÖFFENTLIC VERKEHRS MITTEL

STAUB

MUCKIBUDE

UNTERHOSEN

DIE TÜRKLINKE (NACHDEM MAN SICH BEREITS D HÄNDE GEWASCHEN HA

EINKAUFSWAGEN

RASTSTÄTTEN

DER BEREICH UNTER DER SPÜLE

GETEILTE OBJEKTE

PAPIERHANDTUCHSPENDER

KEIME

BRIEFE

KINOSIT

POSTÄMTER

ERLEBNISBÄDER

DIE KNÖPFE AN FUSSGÄNGERAMPELN

BÜFETTS

DIE TOILETTENSPÜLUNG

NAGELKNIPSER

FRISEURSALONS

DEKOKISSEN IM HOTEL

BARFUSS LAUFEN

ANGEBISSENE PARTYSNACKS WIEDER IN DEN DIP TAUCHEN

IM ZOO

BADEWANNEN

FÜSSE

NAGELSTUDIOS

BRETTSPI

DIE AUSSENSEITE EINER DESINFEKTIONSFLASCHE

KONTAKTLINSENBEHÄLTER

TRINKBRUNNEN

FREIZEITPARKS

MÜLL RAUSBRINGEN

DIE HAUSTIERE ANDERER LEUTE

HÄNDESCHÜTTELN

GRATISPROBEN

TÜRGRIFF

WASSERFONTÄNEN

TIERPFOTEN

DIE KFZ-ZULASSUNGSSTELLE

DIE KINDER ANDERER LEUTE

KARTEN SPIELEN

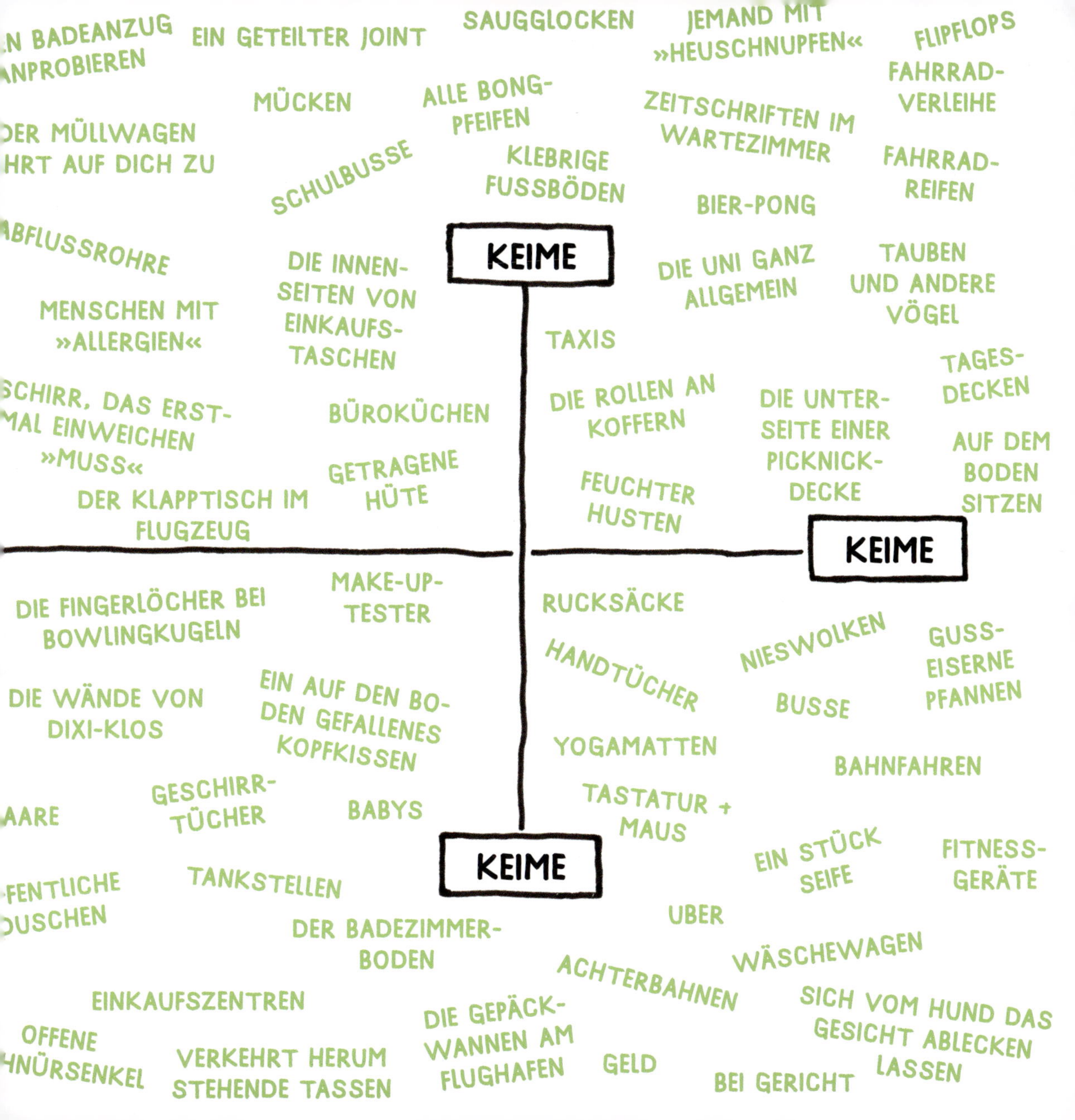
KEIME
KEIME
KEIME
N BADEANZUG
NPROBIEREN
EIN GETEILTER JOINT
SAUGGLOCKEN
JEMAND MIT »HEUSCHNUPFEN«
FLIPFLOPS
FAHRRAD-VERLEIHE
MÜCKEN
ALLE BONG-PFEIFEN
ZEITSCHRIFTEN IM WARTEZIMMER
DER MÜLLWAGEN
HRT AUF DICH ZU
SCHULBUSSE
KLEBRIGE FUSSBÖDEN
FAHRRAD-REIFEN
BIER-PONG
BFLUSSROHRE
DIE INNEN-SEITEN VON EINKAUFS-TASCHEN
DIE UNI GANZ ALLGEMEIN
TAUBEN UND ANDERE VÖGEL
MENSCHEN MIT »ALLERGIEN«
TAXIS
TAGES-DECKEN
CHIRR, DAS ERST-
MAL EINWEICHEN »MUSS«
BÜROKÜCHEN
DIE ROLLEN AN KOFFERN
DIE UNTER-SEITE EINER PICKNICK-DECKE
AUF DEM BODEN SITZEN
GETRAGENE HÜTE
FEUCHTER HUSTEN
DER KLAPPTISCH IM FLUGZEUG
MAKE-UP-TESTER
RUCKSÄCKE
DIE FINGERLÖCHER BEI BOWLINGKUGELN
NIESWOLKEN
GUSS-EISERNE PFANNEN
HANDTÜCHER
DIE WÄNDE VON DIXI-KLOS
EIN AUF DEN BO-DEN GEFALLENES KOPFKISSEN
BUSSE
YOGAMATTEN
BAHNFAHREN
GESCHIRR-TÜCHER
AARE
BABYS
TASTATUR + MAUS
EIN STÜCK SEIFE
FITNESS-GERÄTE
FENTLICHE
DUSCHEN
TANKSTELLEN
UBER
DER BADEZIMMER-BODEN
WÄSCHEWAGEN
ACHTERBAHNEN
EINKAUFSZENTREN
SICH VOM HUND DAS GESICHT ABLECKEN LASSEN
OFFENE
HNÜRSENKEL
VERKEHRT HERUM STEHENDE TASSEN
DIE GEPÄCK-WANNEN AM FLUGHAFEN
GELD
BEI GERICHT

WAS SAGT MEIN JUTEBEUTEL ÜBER MICH AUS?

WAS SOLL MAN HÖREN?

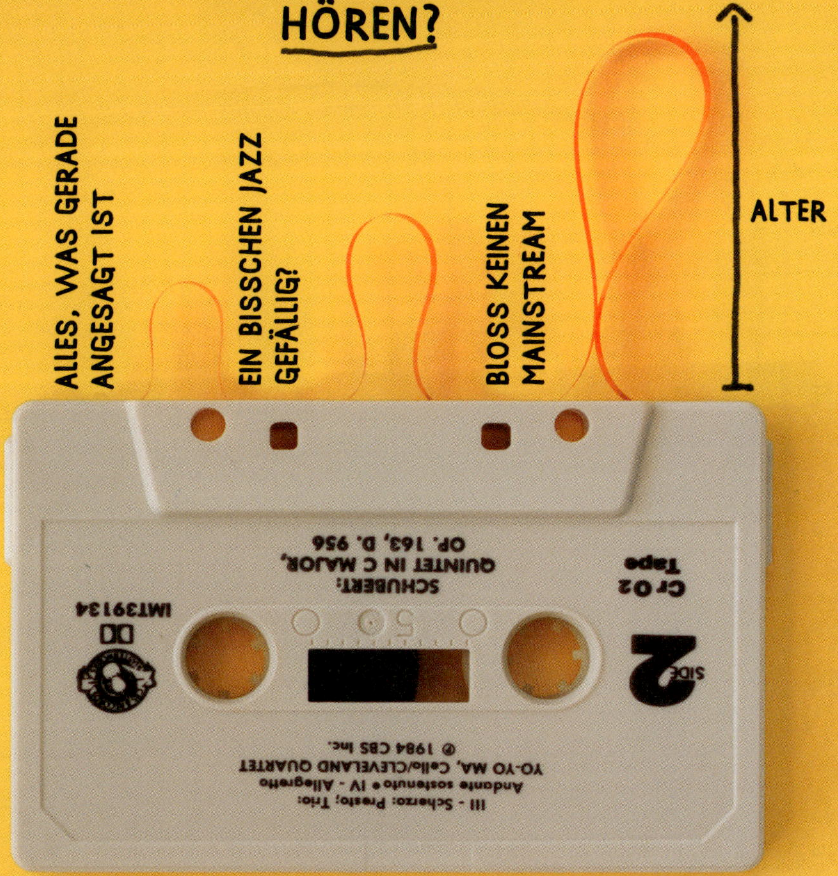

HAT JEMAND MEINE SONNENBRILLE GESEHEN?

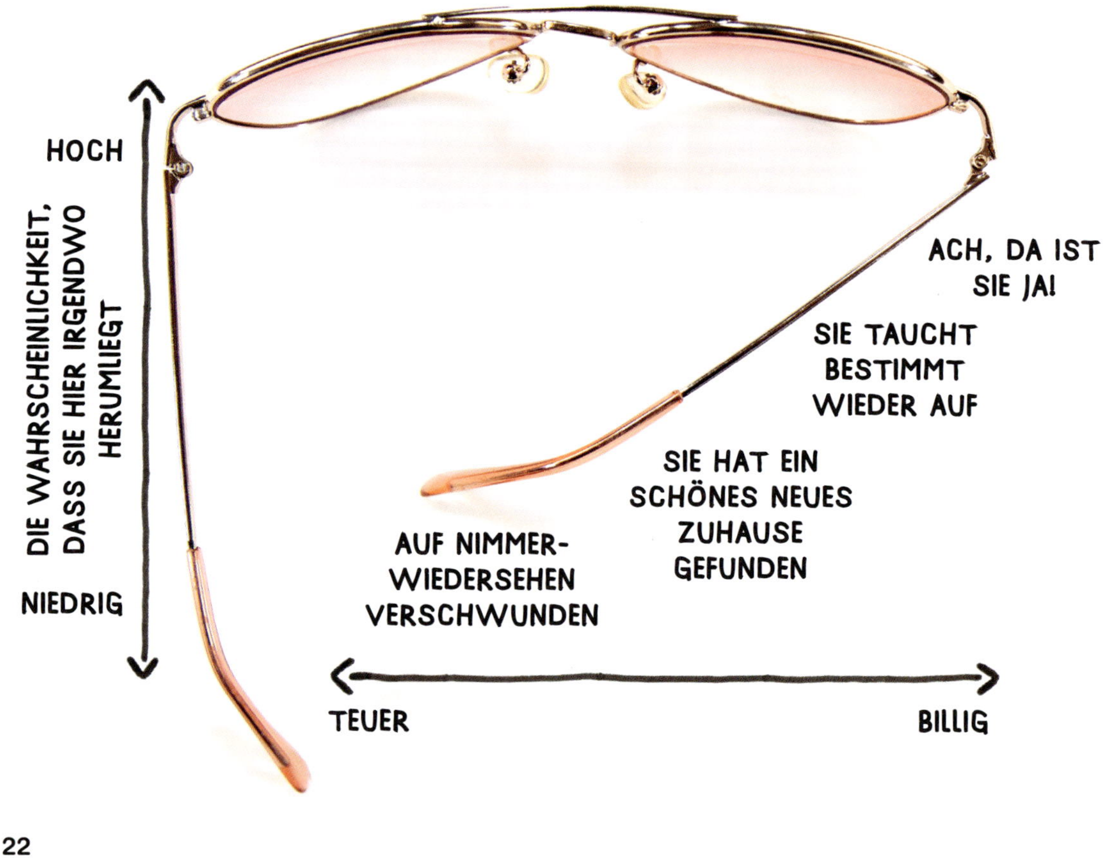

MUSS ICH MEINE KREDITKARTEN SPERREN LASSEN?

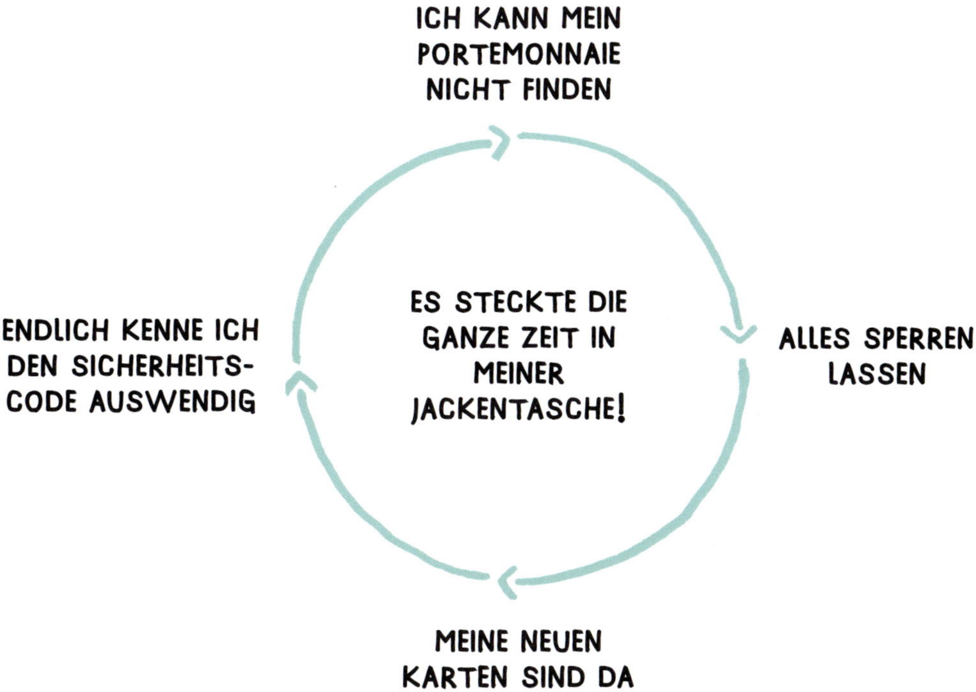

KANN ICH MICH MIT WATTESTÄBCHEN VERLETZEN?

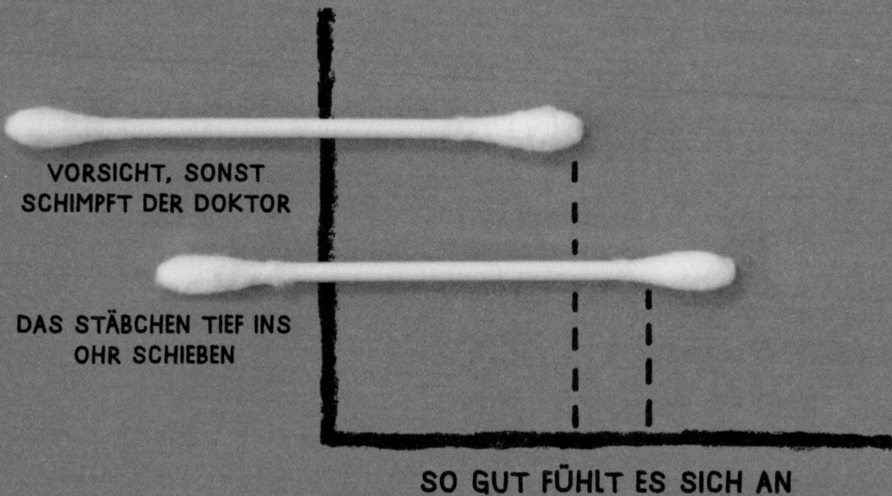

SOLL ICH diesen PICKEL AUSDRÜCKEN?

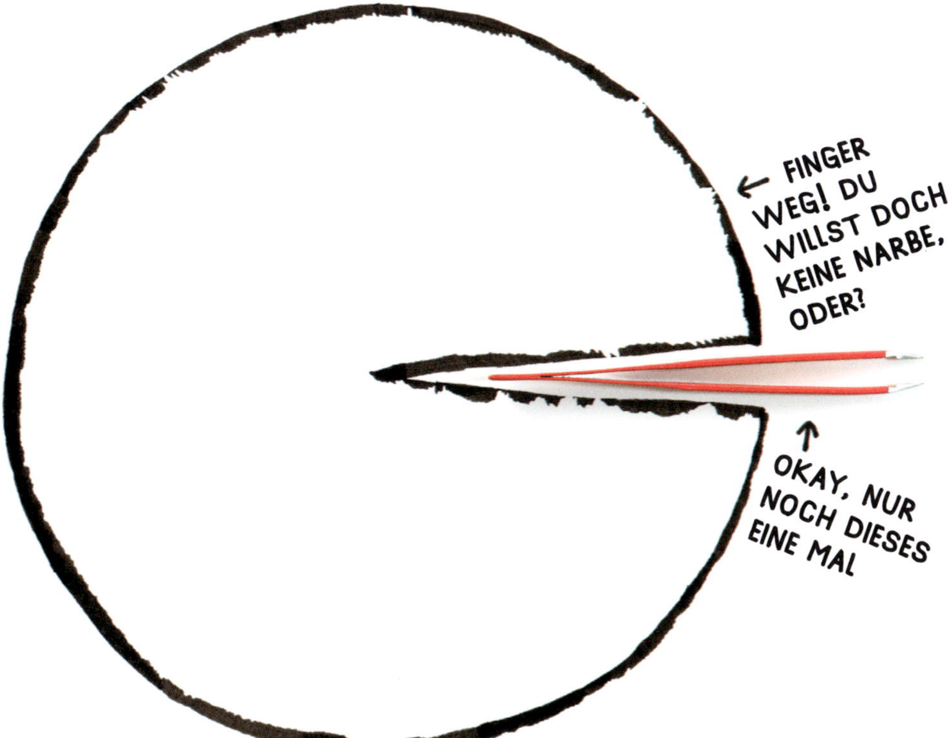

HABE ICH DAS GLÄTTEISEN ANGELASSEN?

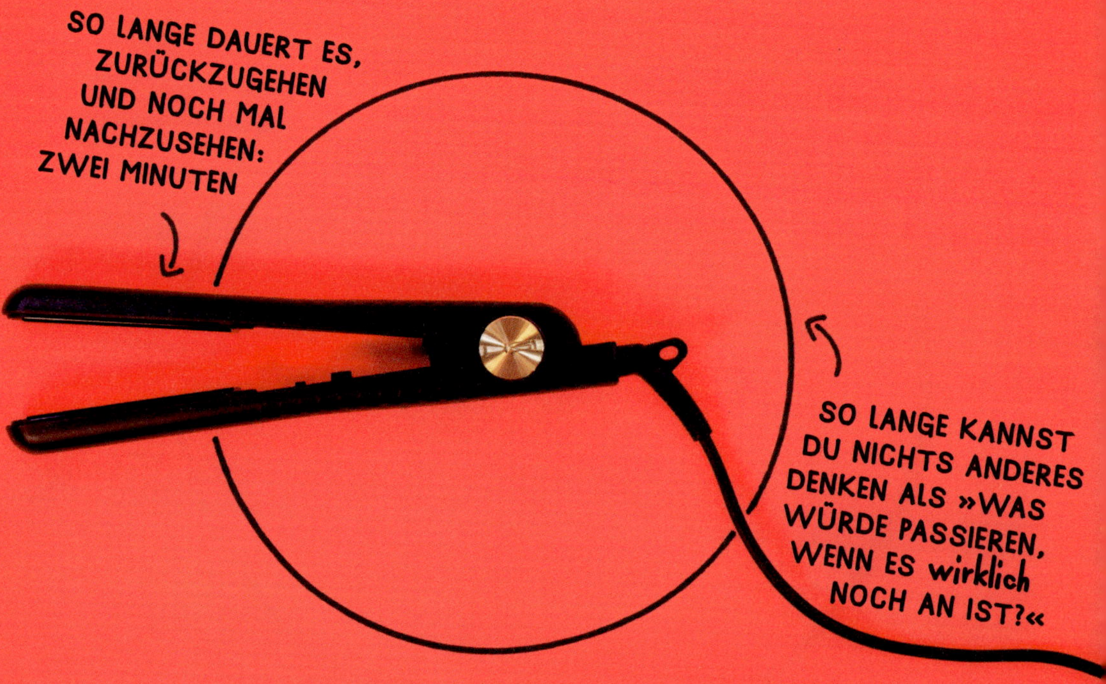

WAS HABE ICH VERGESSEN?

ICH GEHE AUS

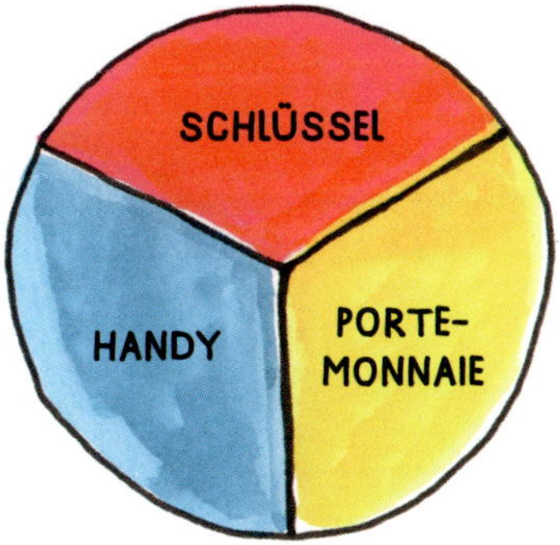

ICH GEHE GASSI MIT DEM HUND

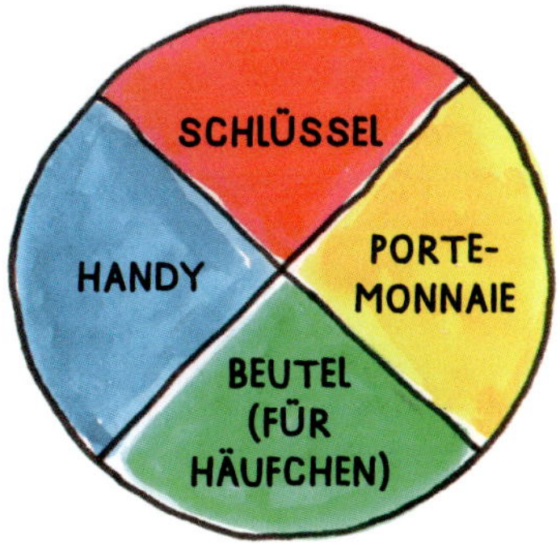

ICH VERREISE INS AUSLAND

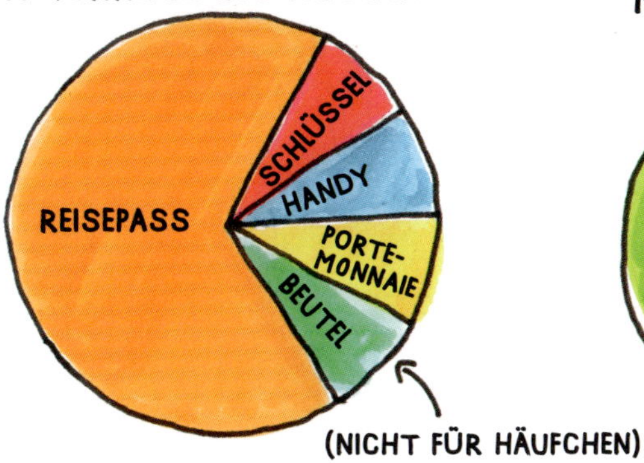

UNTERWEGS NACH PARIS
MIT DEN McCALLISTERS

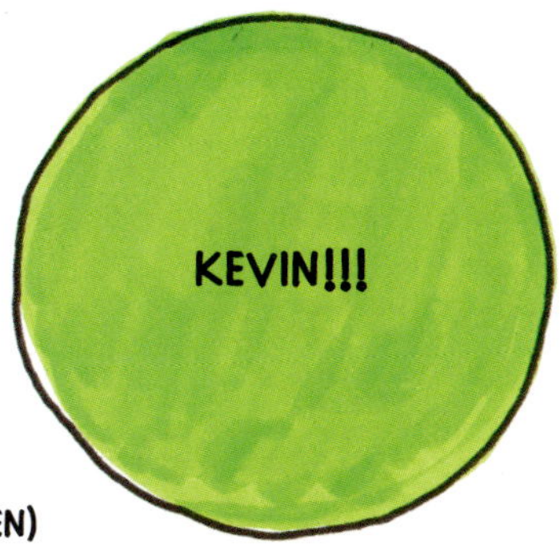

WAHRSCHEINLICHKEIT, ES AUS VERSEHEN ZURÜCKZULASSEN

SICH DEN KOPF ZERBRECHEN ÜBER ...

FRÜHSTÜCK, MITTAG- UND ABENDESSEN

IST DIESER WEIN OKAY?

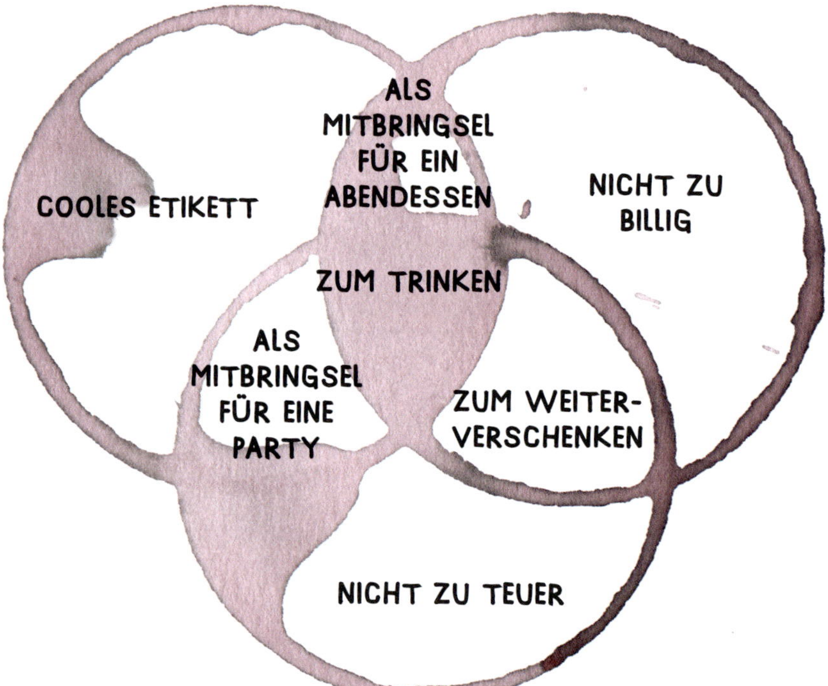

SOLL ICH NOCH EINEN KAFFEE TRINKEN?

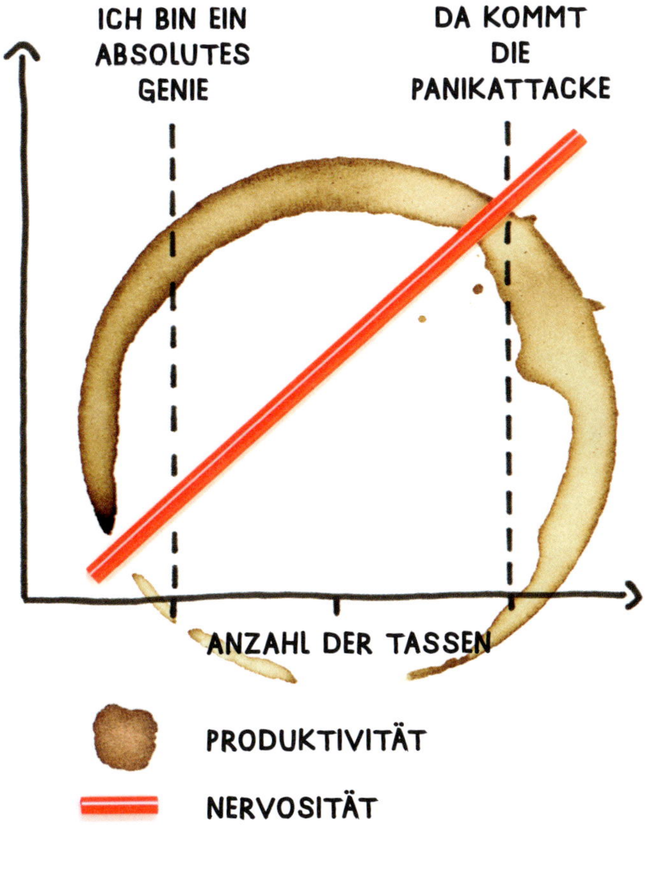

ESSE ICH ZU VIEL KÄSE?

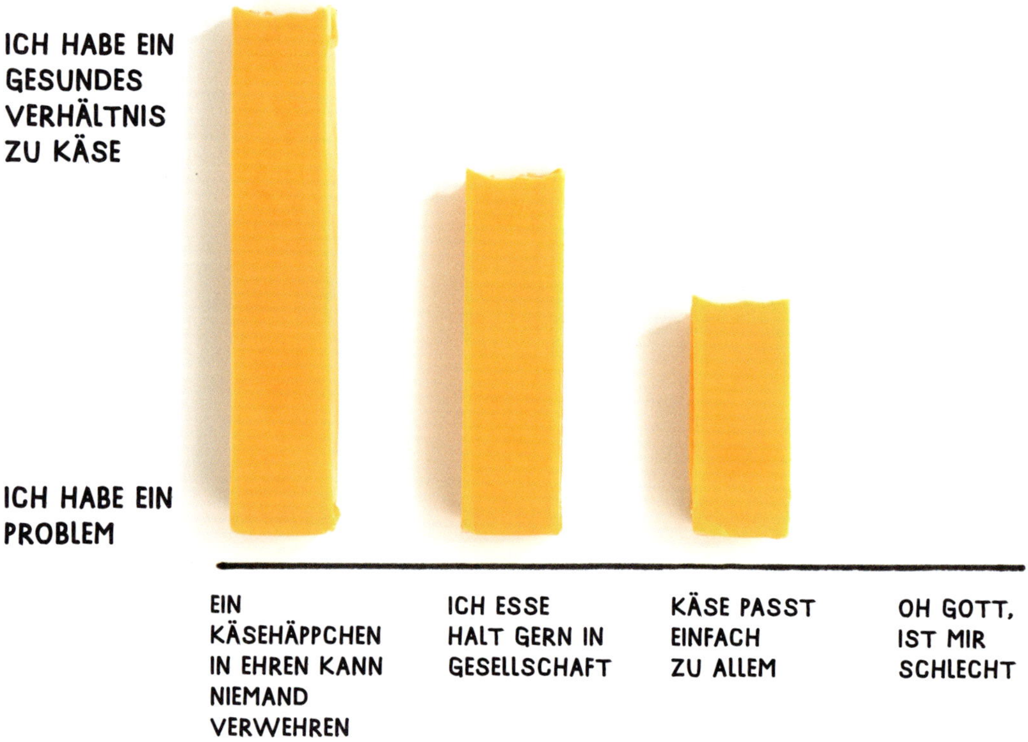

WIE WÄR'S MAL WIEDER MIT GRÜNKOHL?

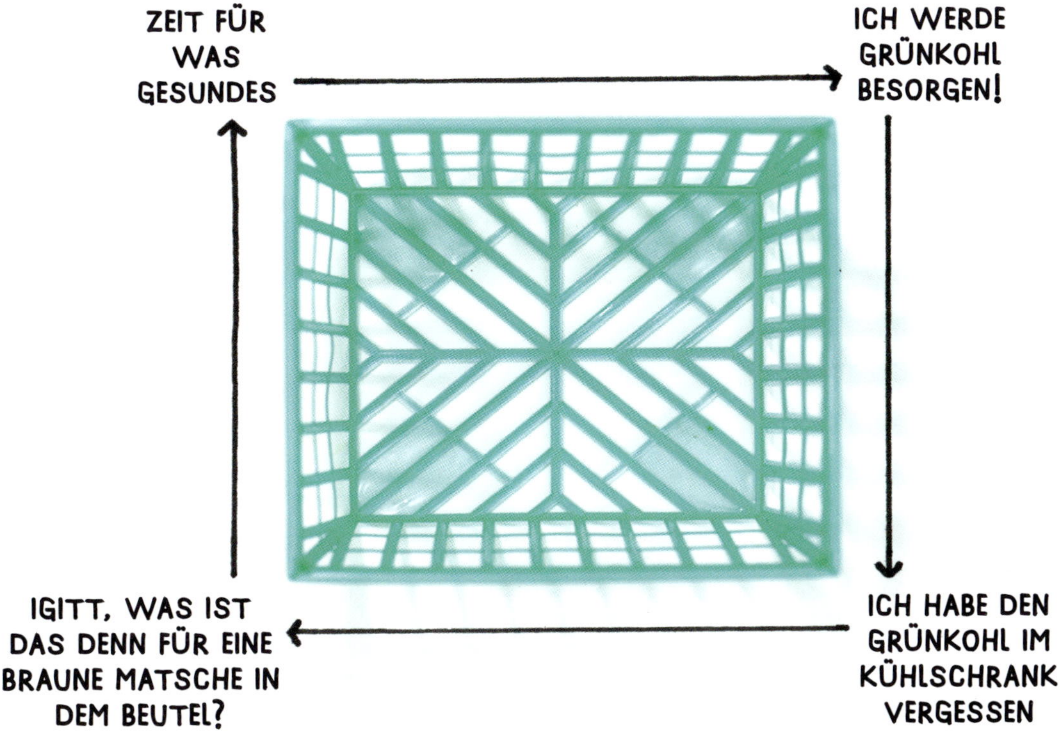

WARUM BIN ICH SCHON PAPPSATT?

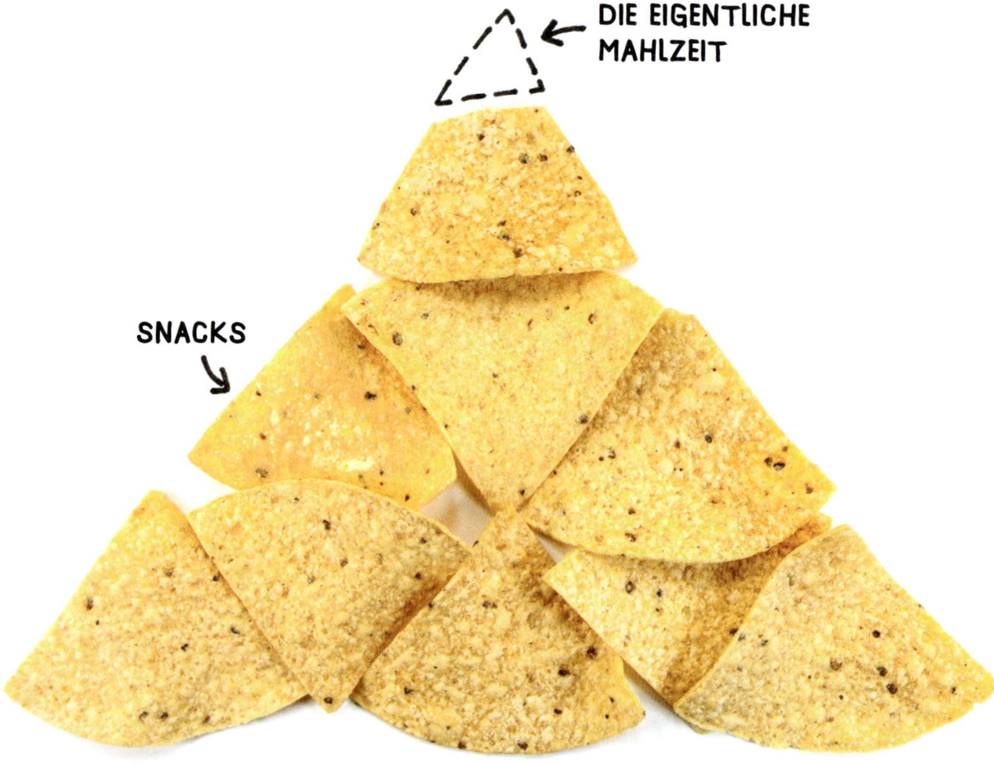

DIE ERNÄHRUNGSPYRAMIDE VON LEUTEN, DIE GERNE SNACKEN

MUSS DA NOCH BUTTER DRAN?

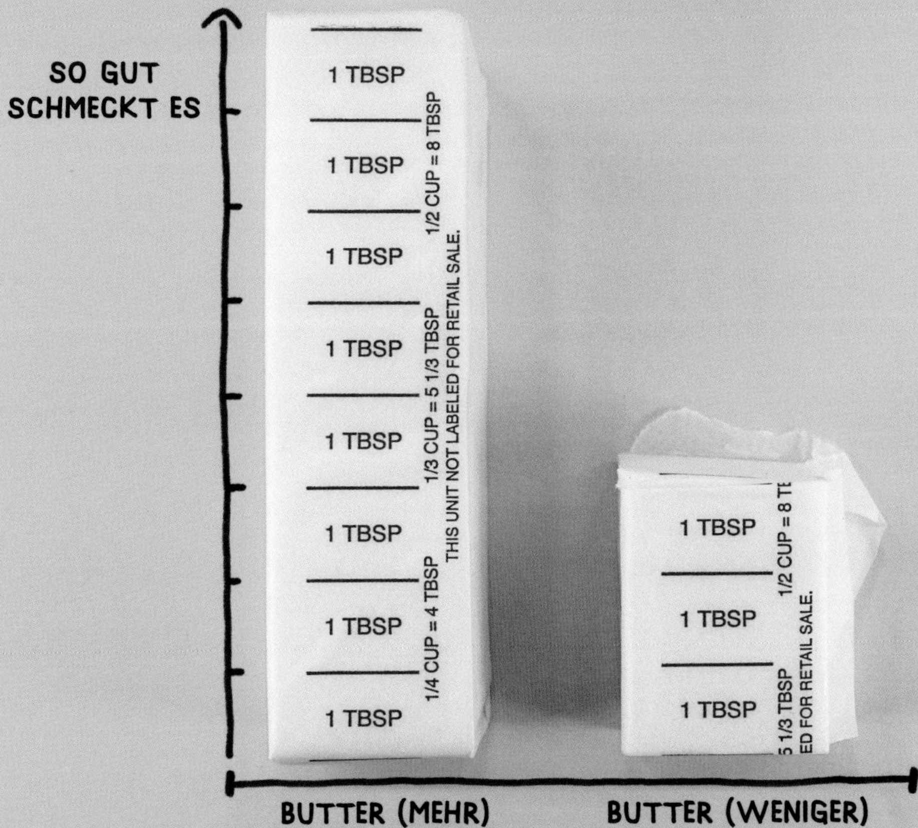

HINWEIS: ICH BIN KEINE ERNÄHRUNGSBERATERIN

WER ZAHLT DAS ESSEN?

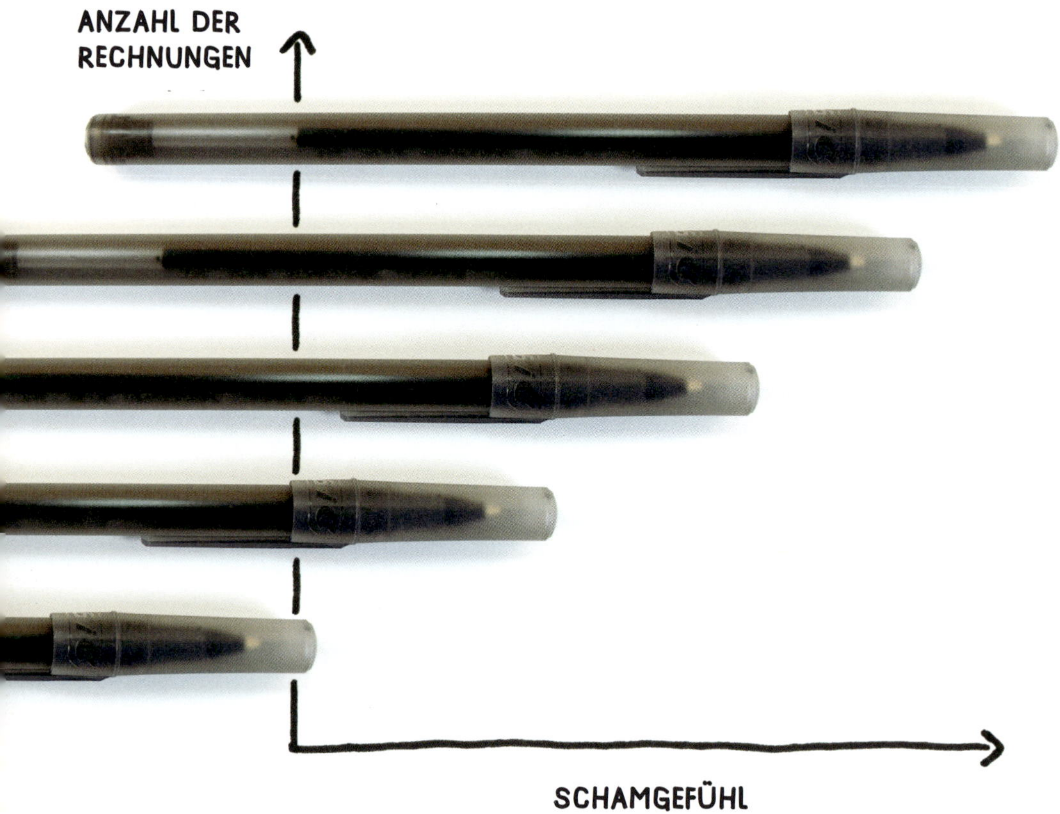

IST BRUNCHEN EINE FINANZIELLE SÜNDE?

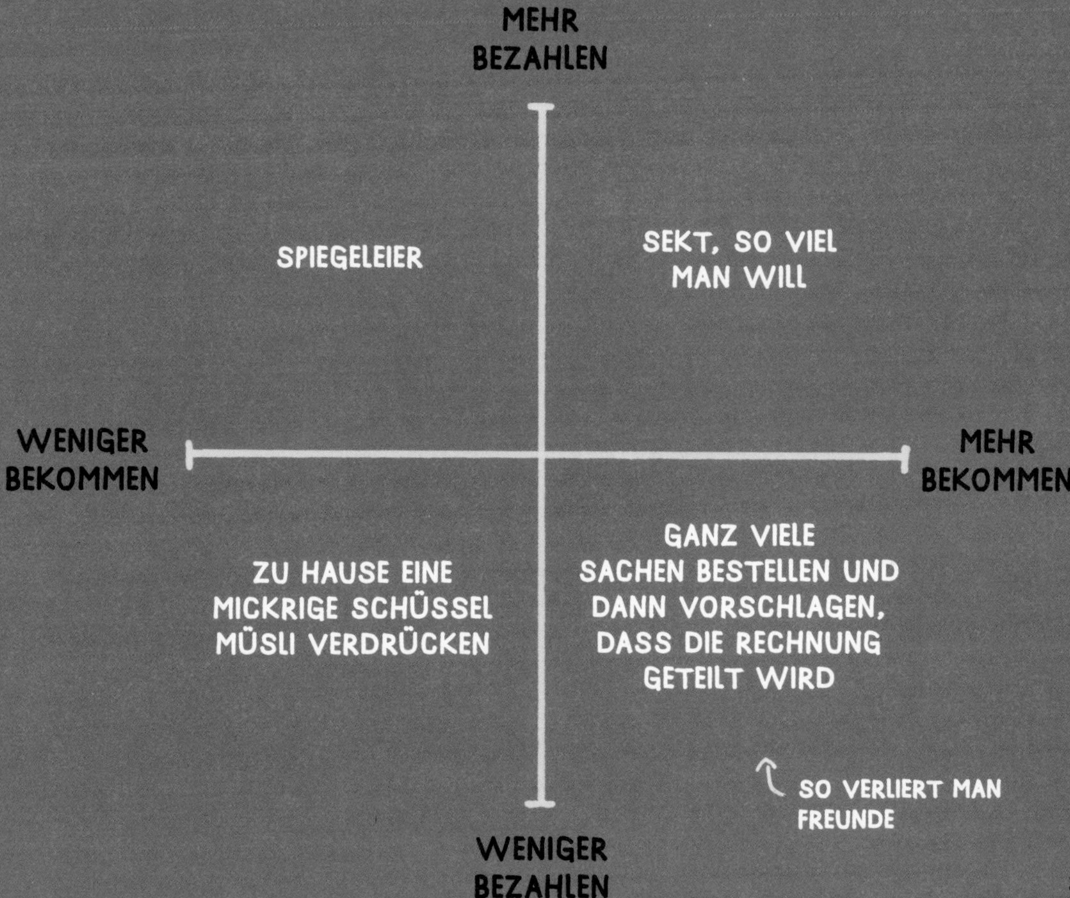

IST JETZT WASSERMELONEN-SAISON?

NORDHALBKUGEL

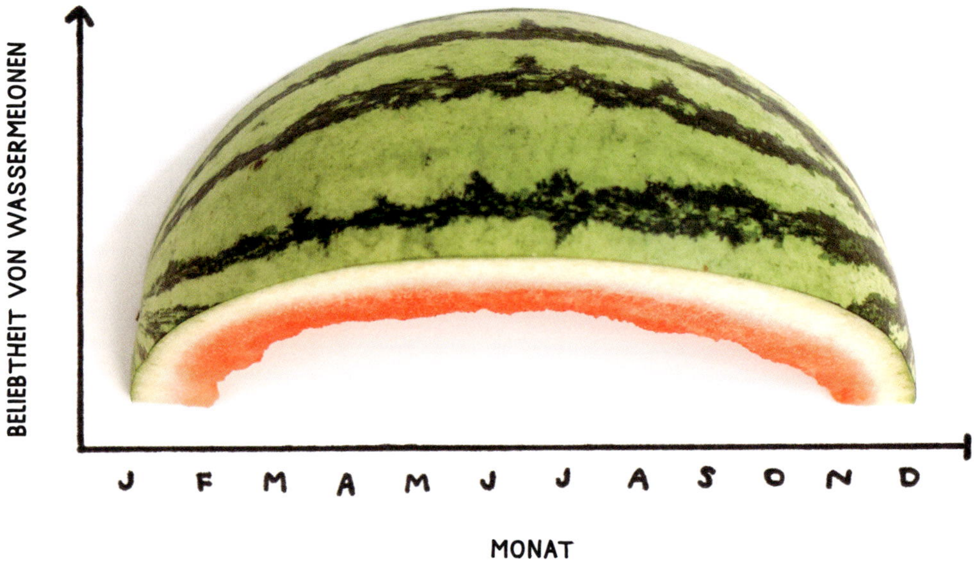

IST JETZT WASSERMELONEN-SAISON?

SÜDHALBKUGEL

WARUM IST MIR NUR SO SCHLECHT?

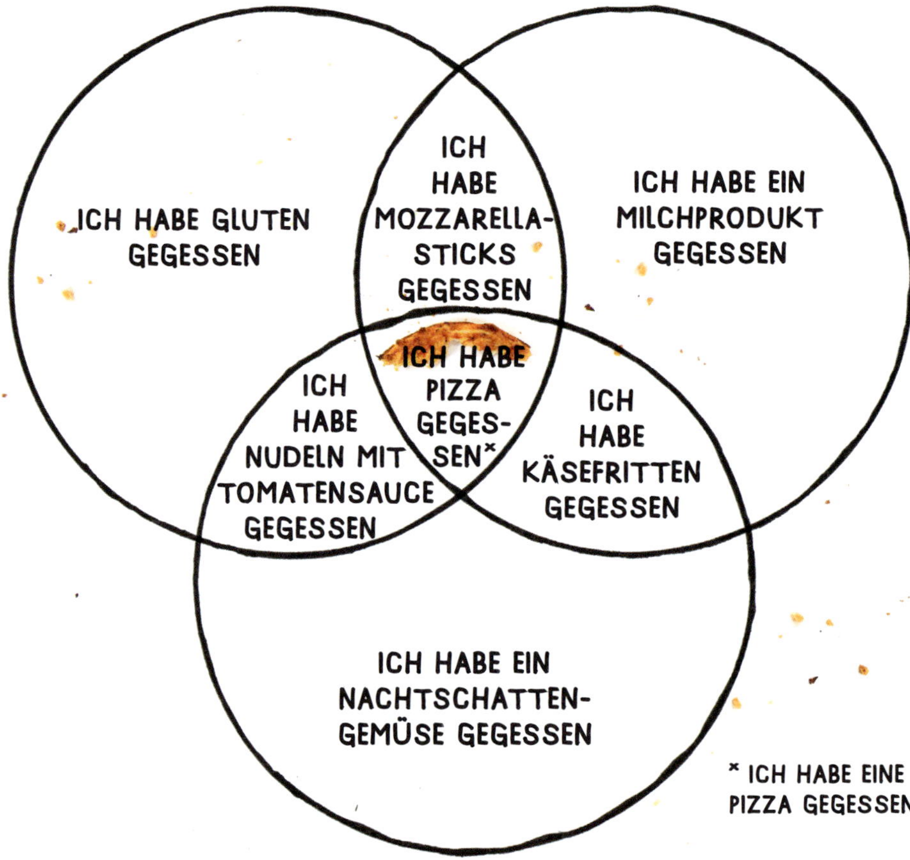

* ICH HABE EINE RIESEN-PIZZA GEGESSEN

SOLL ICH ALLES AUFESSEN ODER NOCH WAS ÜBRIG LASSEN?

WENN ICH DIE HÄLFTE ÜBRIG LASSE, REICHT ES SPÄTER NOCH FÜR EINE GANZE MAHLZEIT

NUR NOCH EIN PAAR BISSEN

VERGISS ES

MIT ODER OHNE KOHLENSÄURE?

	WEIN	WASSER
SPRUDELND		
STILL		DAS HIER GIBT'S GRATIS

WAS KANN ICH MEINEN GÄSTEN SERVIEREN?

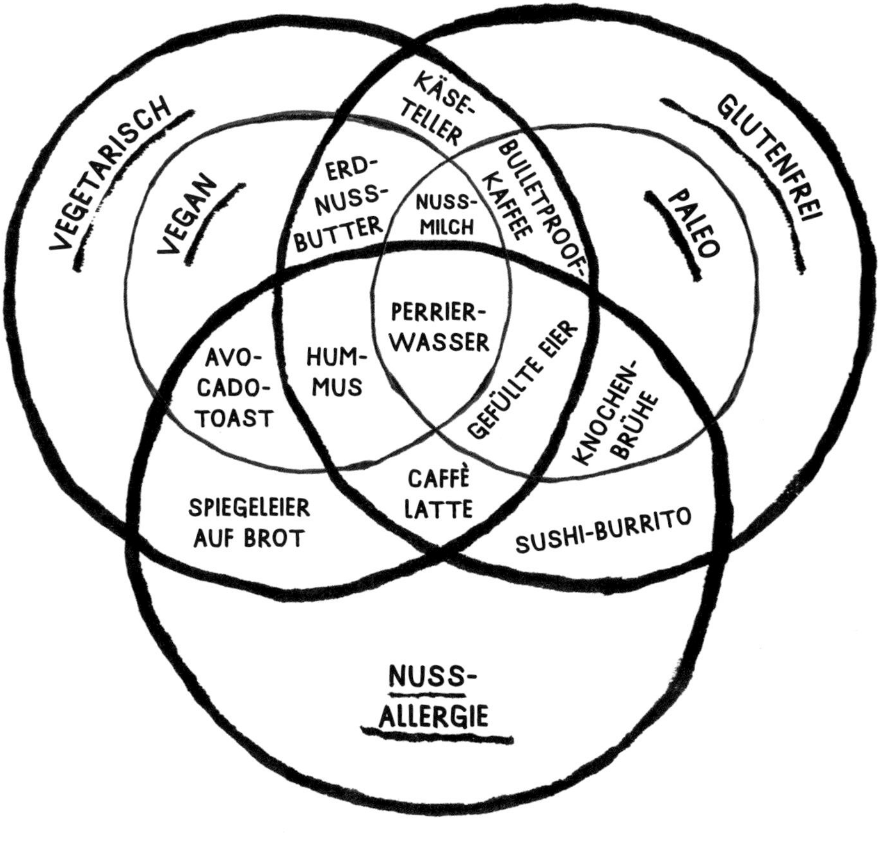

SICH DEN KOPF ZERBRECHEN ÜBER ...

DIE ARBEIT

WIE SOLL ICH DIESE E-MAIL BEGINNEN?

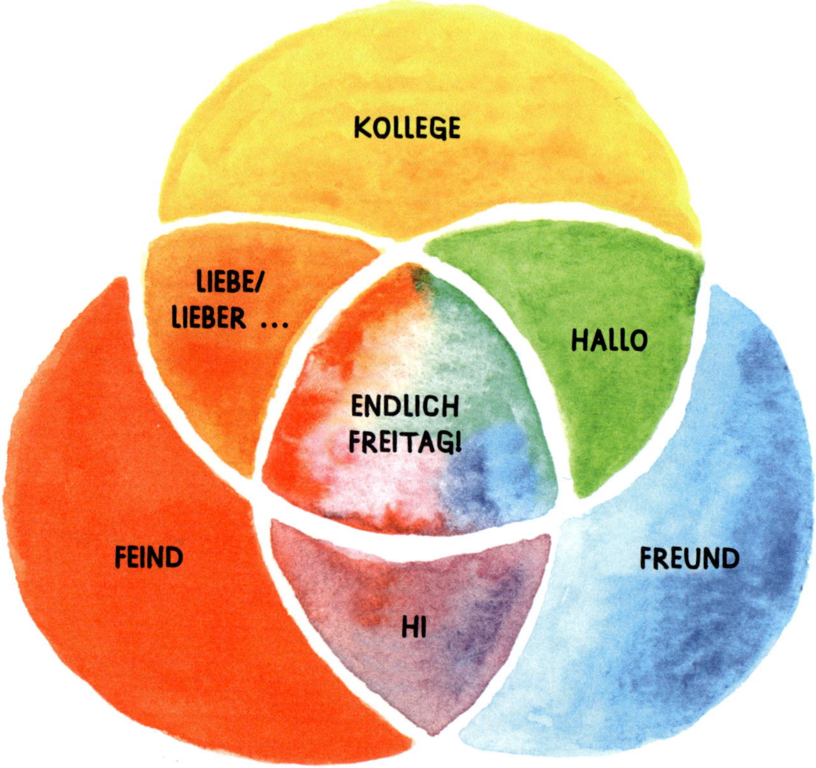

TIPP: HEB DIR ALLE E-MAILS FÜR FREITAG AUF

WIE SOLL ICH DIESE E-MAIL BEENDEN?

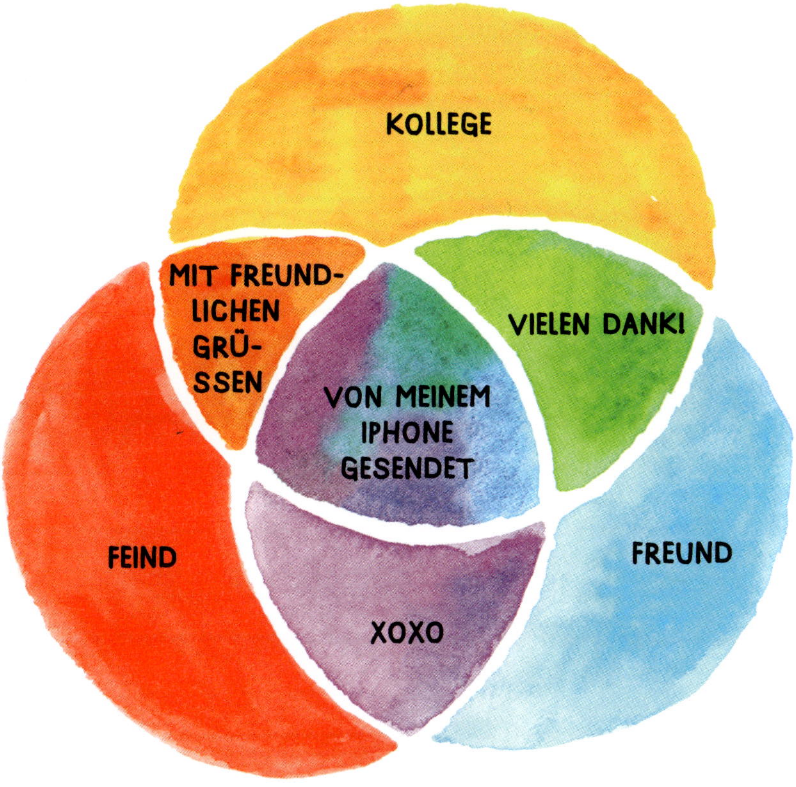

SOLLTE DA NOCH EIN AUSRUFEZEICHEN HIN?

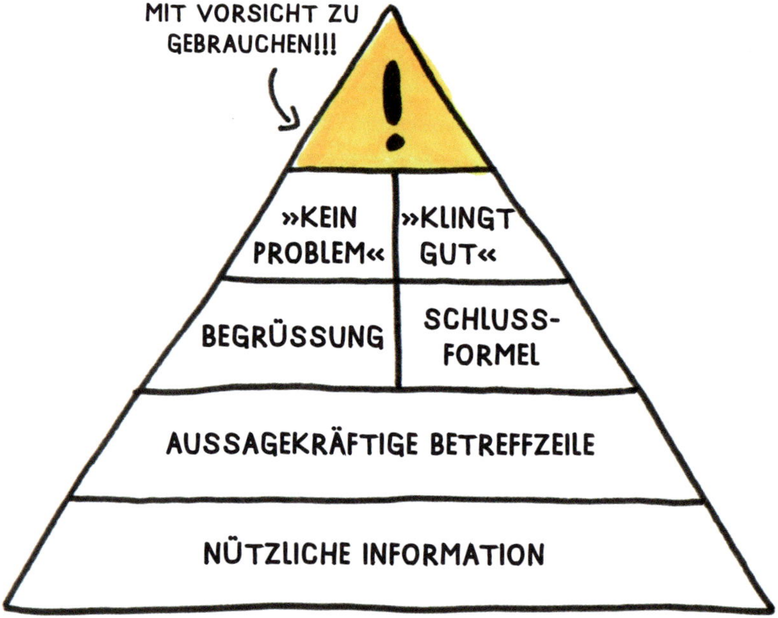

DIE E-MAIL-PYRAMIDE

WAS SOLL DAS bedeuten?

SIE SAGTEN …	VIELLEICHT BEDEUTET ES	WAHRSCHEINLICH BEDEUTET ES
KLINGT GUT!	ALLES IN ORDNUNG	ALLES IN ORDNUNG
KLINGT GUT.	ICH WERDE GEFEUERT	KLINGT GUT.
DAS IST PRIMA.		ES IST PRIMA.
OK.		OK.
HMMM …		HMMM …
HEY, KÖNNEN WIR REDEN?	OJE, VIELLEICHT WERDE ICH JA WIRKLICH GEFEUERT?!	:(

WAS SAGT MEIN SCHREIBTISCH ÜBER MICH AUS?

WAS, WENN ICH MIR BEI DER ARBEIT ALTE FOLGEN DER SERIE »STROMBERG« ANSCHAUE?

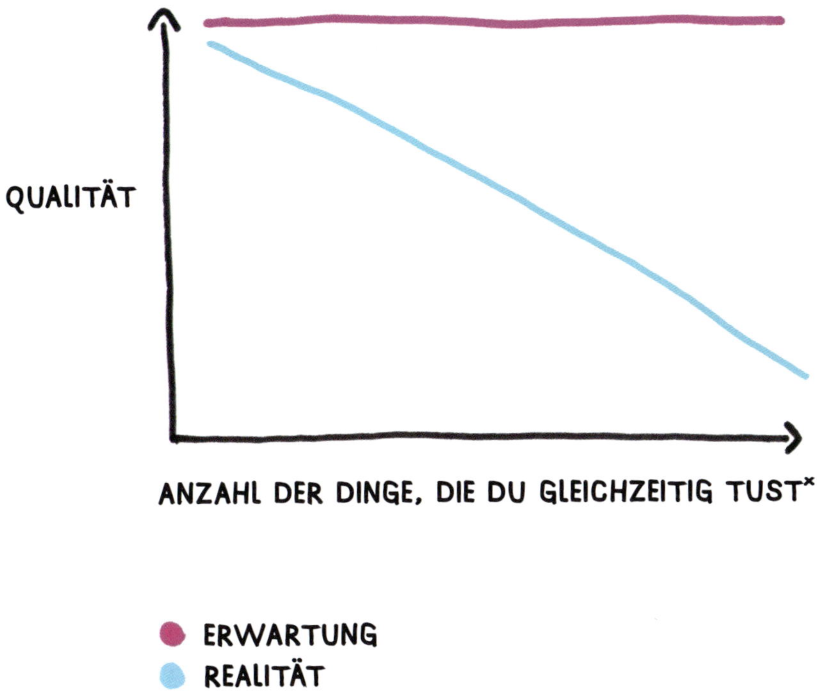

* LASS DAS MAL DEN PAPA MACHEN

WAS, WENN ICH SCHEITERE?

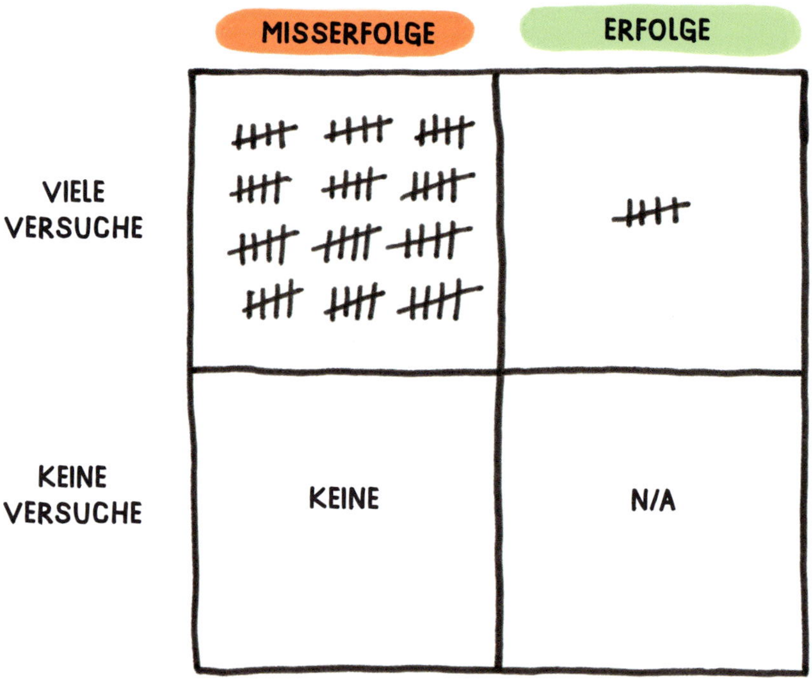

MERKT MAN, DASS ICH GESTRESST BIN?

MACHE ICH
MEINEN JOB GUT?

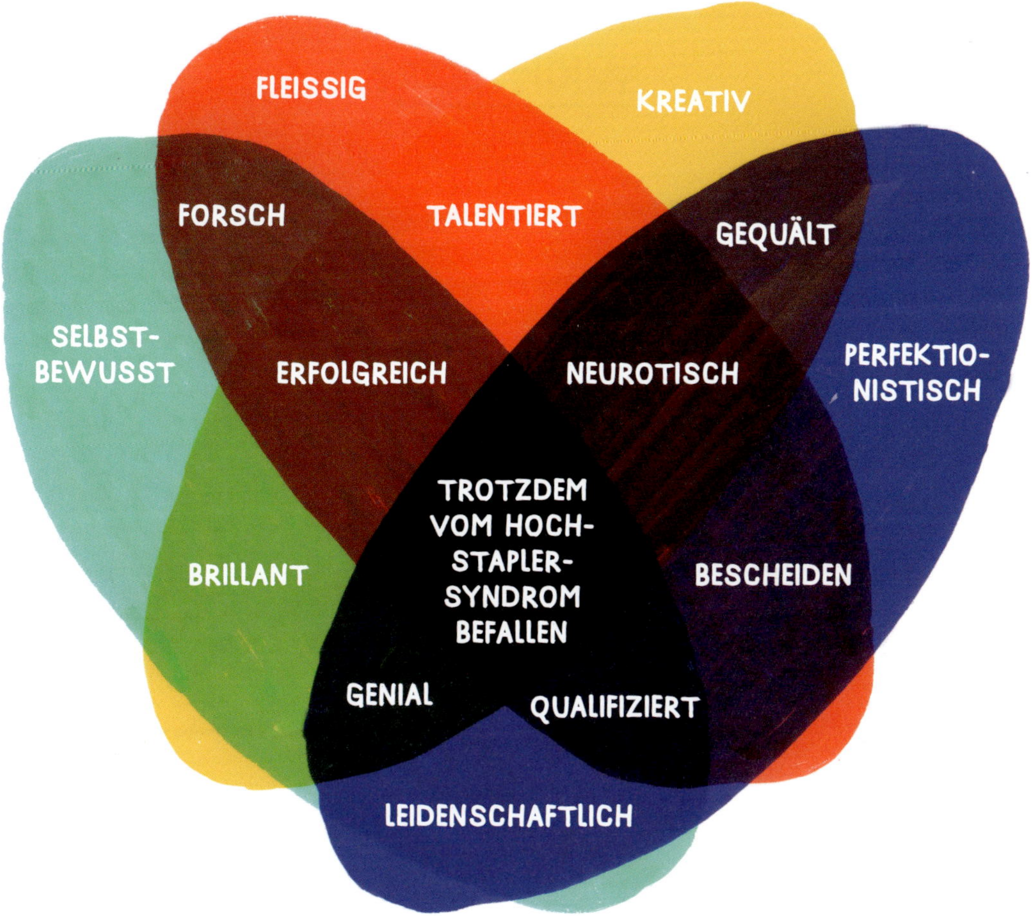
FLEISSIG
KREATIV
FORSCH
TALENTIERT
GEQUÄLT
SELBST-
BEWUSST
ERFOLGREICH
NEUROTISCH
PERFEKTIO-
NISTISCH
TROTZDEM
VOM HOCH-
STAPLER-
SYNDROM
BEFALLEN
BRILLANT
BESCHEIDEN
GENIAL
QUALIFIZIERT
LEIDENSCHAFTLICH

WAS IST WICHTIGER?

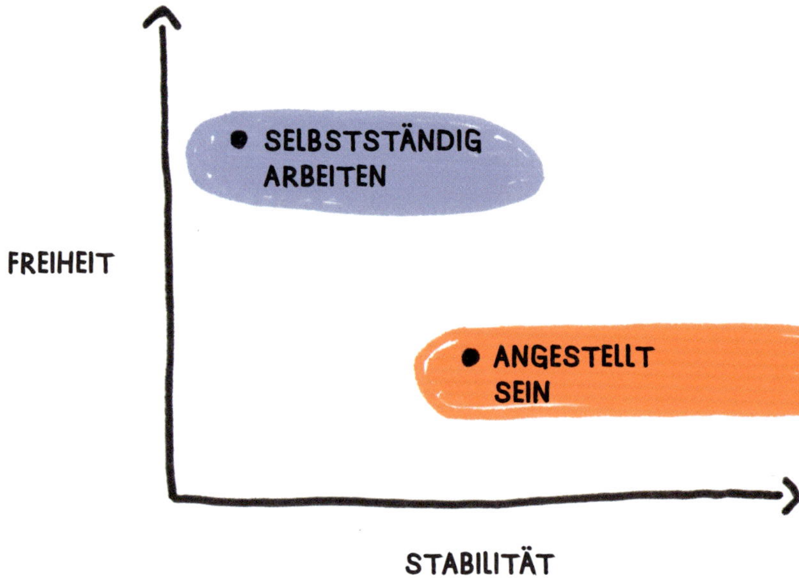

ZÄHLT DAS ALS GESUNDER LEBENSSTIL?

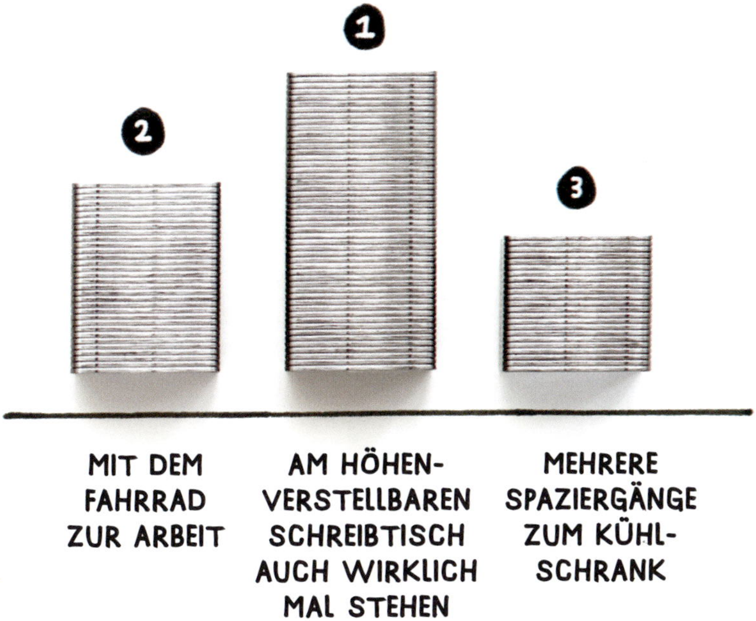

BÜRO-OLYMPIADE

WIE MACHE ICH SMALL TALK?

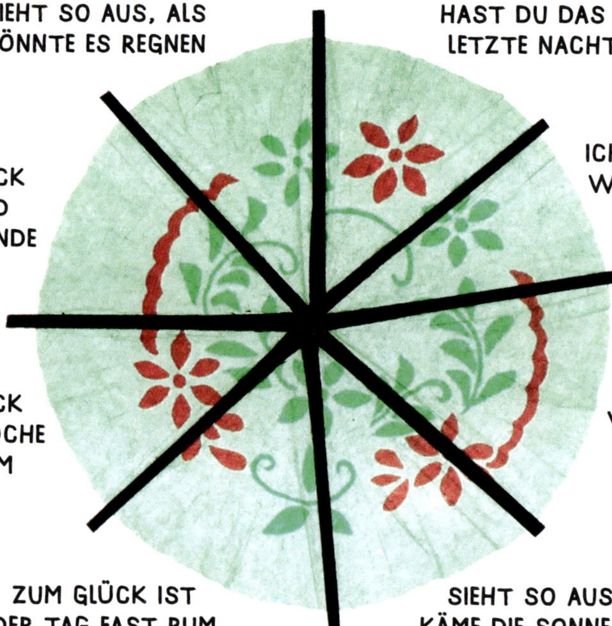

GIBT ES NICHTS BESSERES, WORÜBER WIR REDEN KÖNNEN?

SICH DEN KOPF ZERBRECHEN ÜBER ...

DAS ERWACHSENENLEBEN

IST ES NORMAL, AN SEINEM GEBURTSTAG ZU WEINEN?

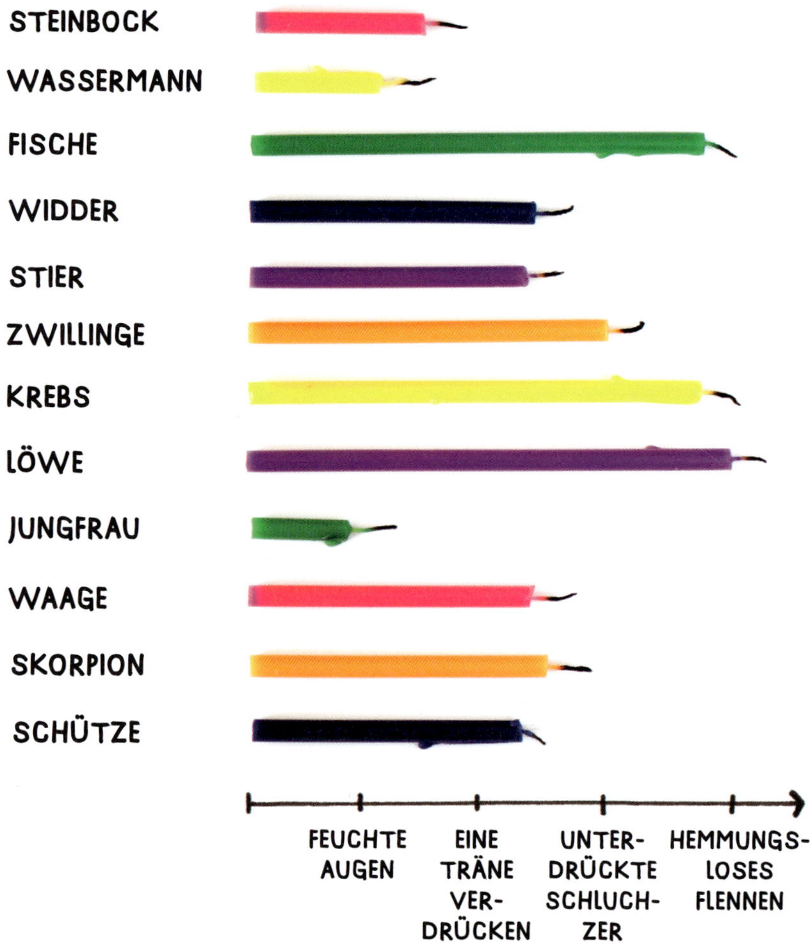

WAS SOLL ICH AN MEINEM GEBURTSTAG MACHEN?

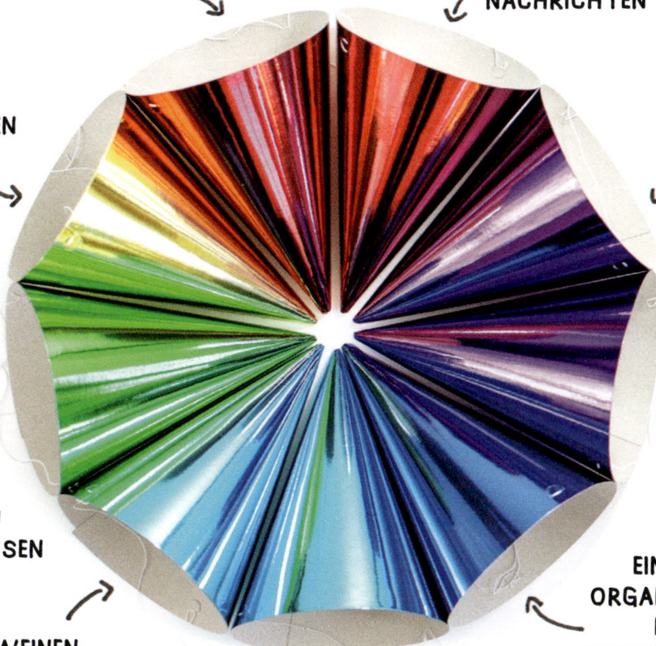

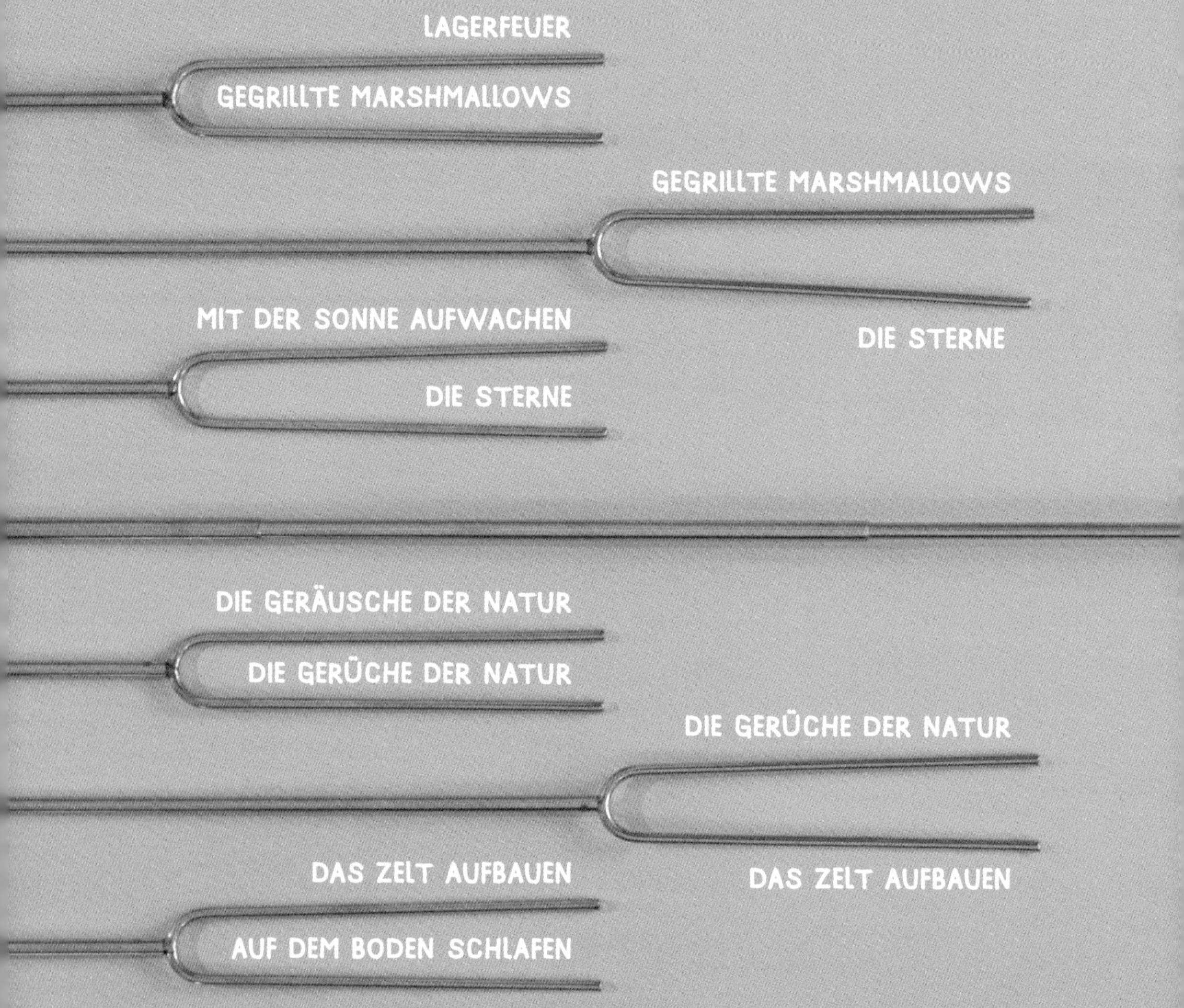
LAGERFEUER
GEGRILLTE MARSHMALLOWS
GEGRILLTE MARSHMALLOWS
DIE STERNE
MIT DER SONNE AUFWACHEN
DIE STERNE
DIE GERÄUSCHE DER NATUR
DIE GERÜCHE DER NATUR
DIE GERÜCHE DER NATUR
DAS ZELT AUFBAUEN
DAS ZELT AUFBAUEN
AUF DEM BODEN SCHLAFEN

WAS IST SO TOLL AM CAMPEN?

GEGRILLTE MARSHMALLOWS

DIE GERÜCHE DER NATUR

GEHT DAS ALS SELBSTFÜRSORGE DURCH?

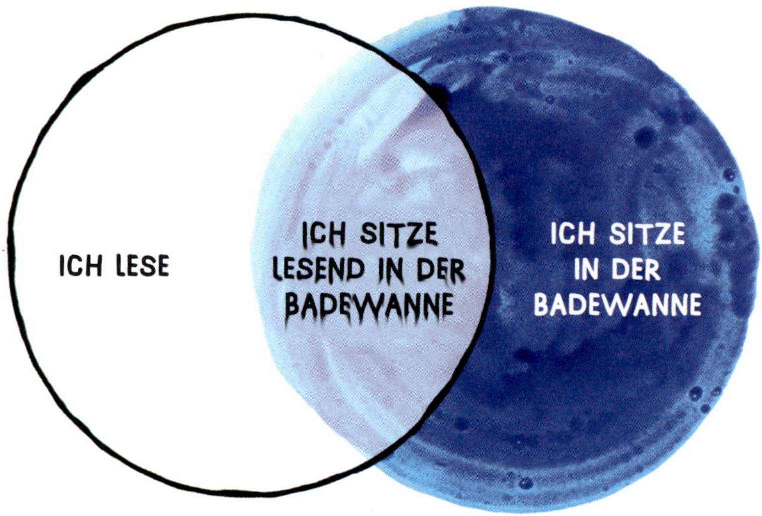

SOLL ICH DIR MEINE BÜCHER AUSLEIHEN?

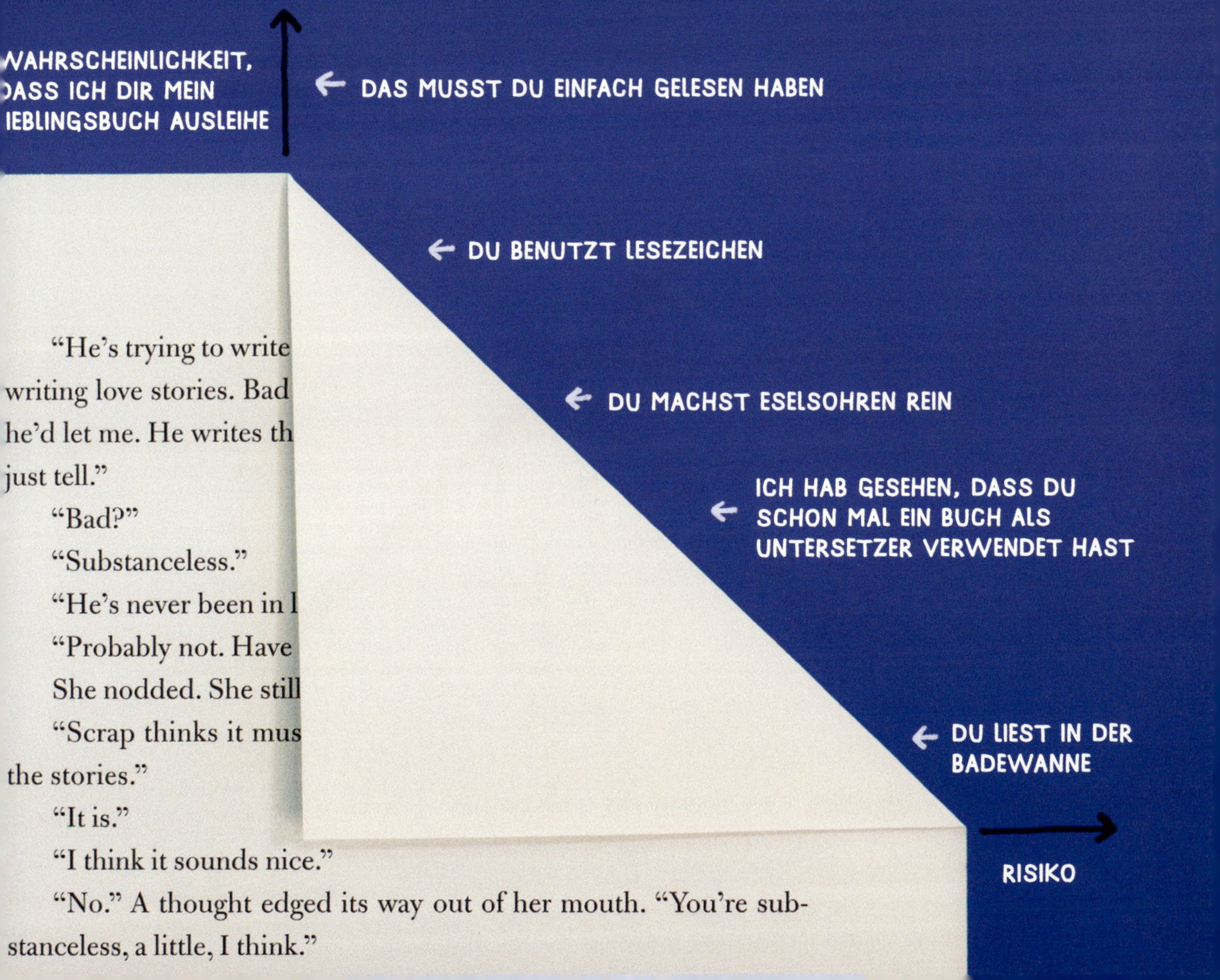

SOLL ICH AUSGEHEN?

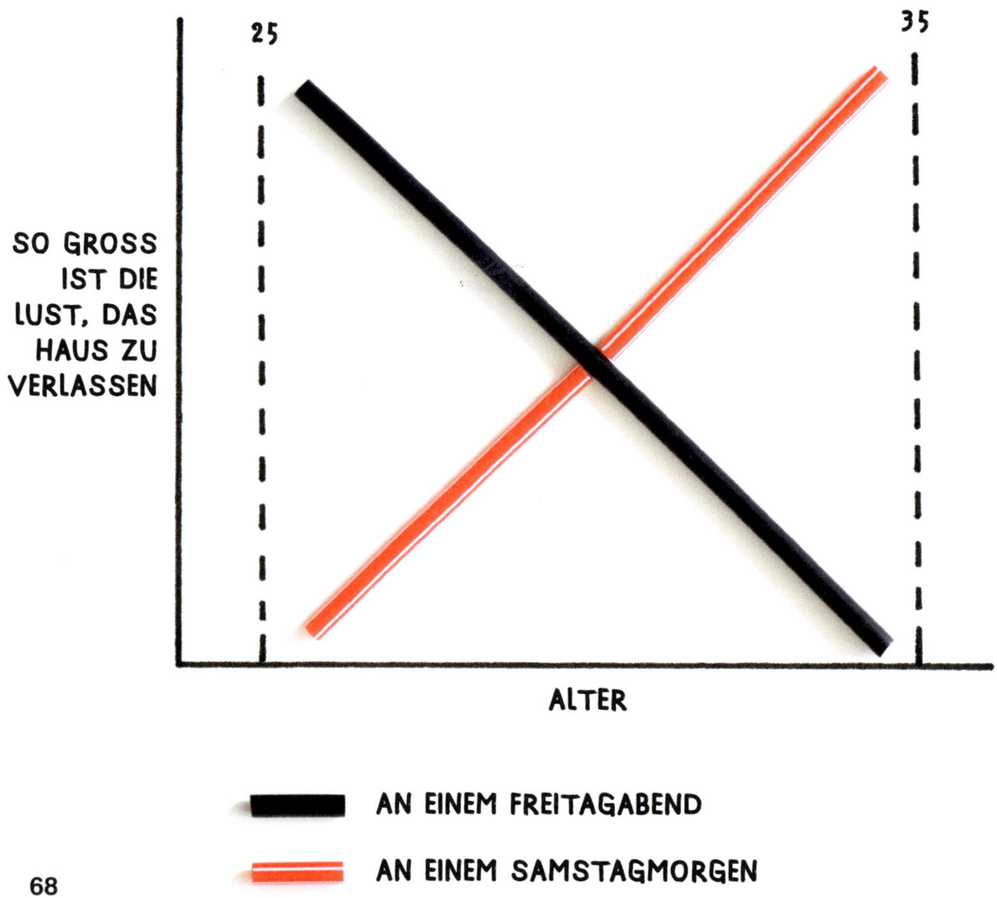

DIE NAHRUNGSPYRAMIDE FÜRS ZUHAUSEBLEIBEN

KANN ICH ES AM LEBEN ERHALTEN?

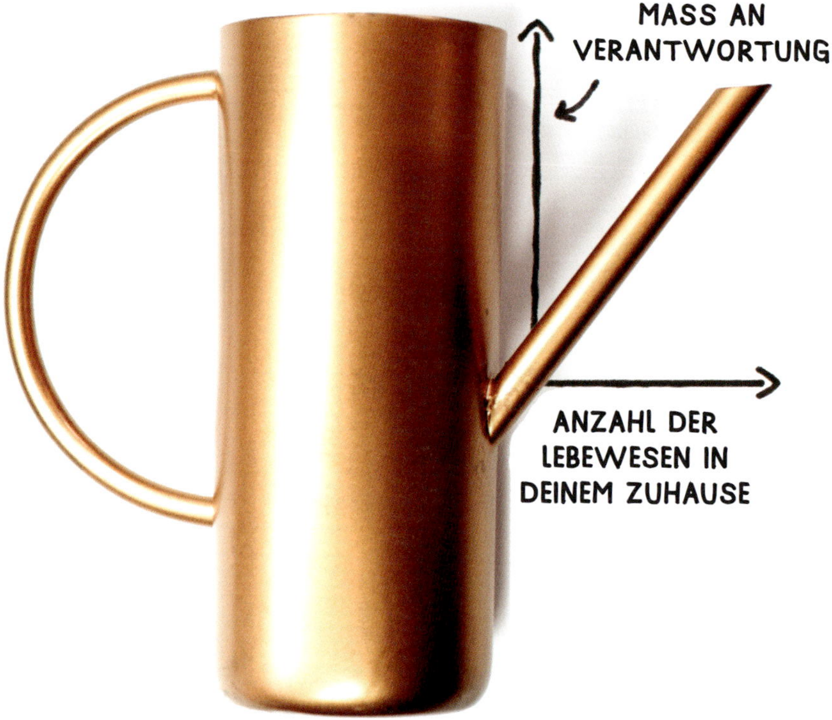

HABE ICH ZU VIELE PFLANZEN?*

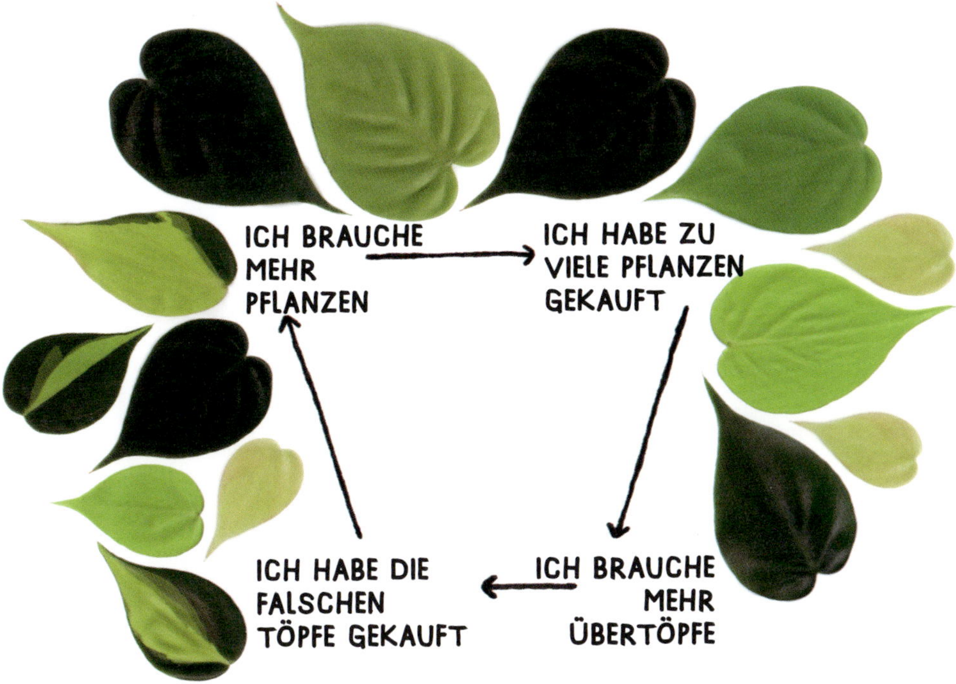

* AUF EINE UNGESUNDE, ZWANGHAFTE ART UND WEISE, UND NICHT IM SINNE EINES COOLEN GRÜNEN GROSSSTADTDSCHUNGELS

WELCHES WEISS SOLL ICH NEHMEN?

WIRD MEIN DIY-PROJEKT SO AUSSEHEN WIE IM FERNSEHEN?

WIE WERDE ICH BESSER DARIN?

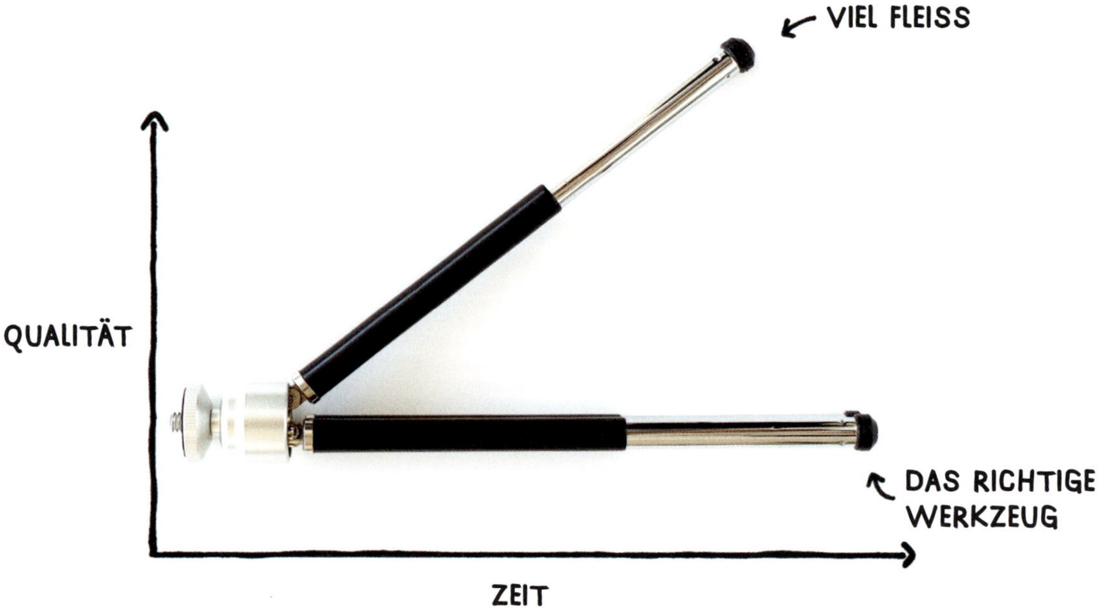

IST ES ZU SPÄT, NOCH DAMIT ANZUFANGEN?

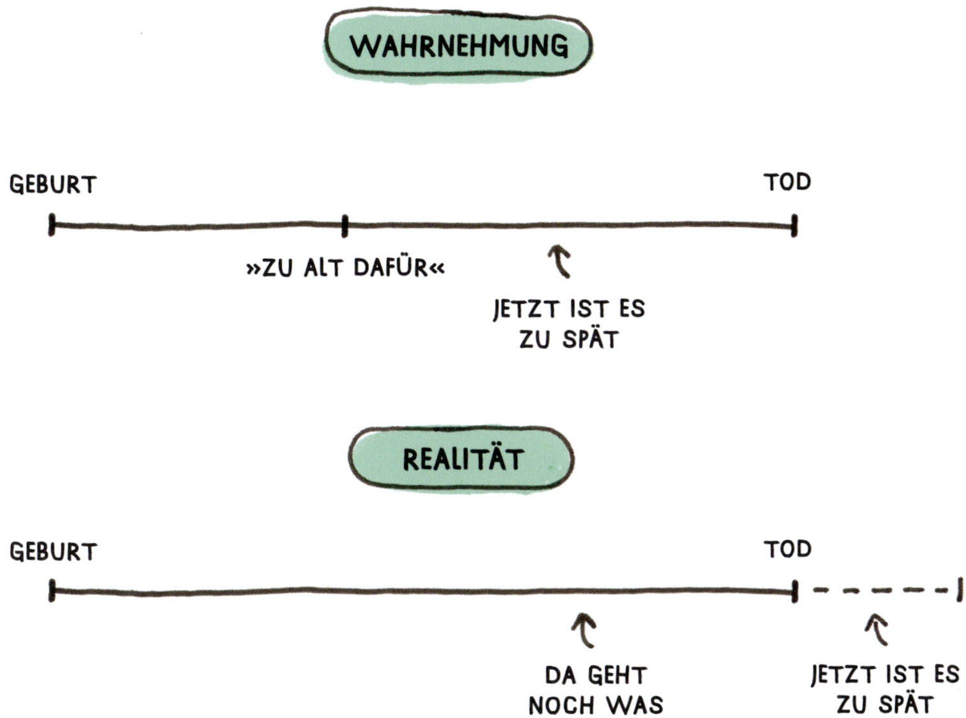

SOLL ICH DIESES BILD SELBER RAHMEN?

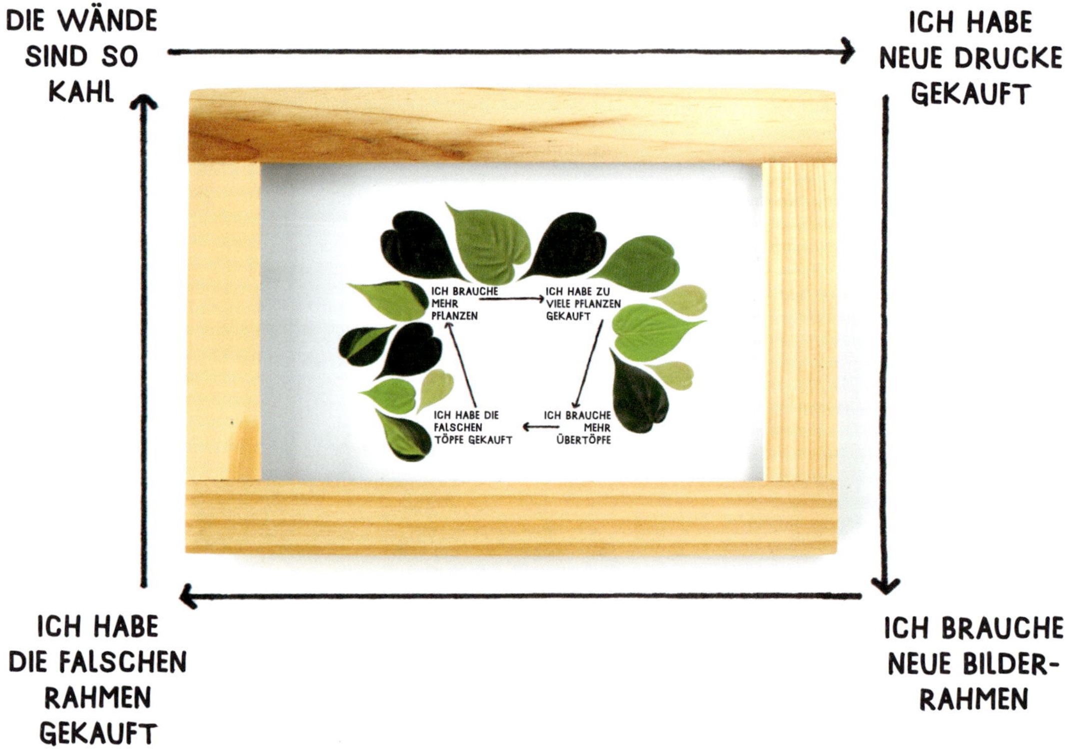

WELCHES SOFA SOLL ICH MIR KAUFEN?

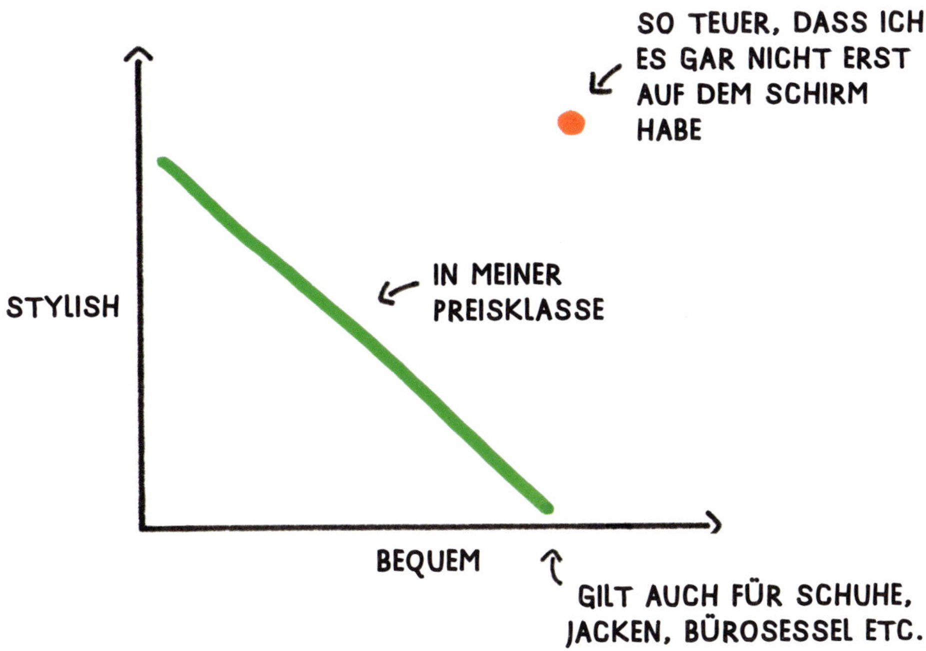

MUSS ICH DAS MIT DER HAND WASCHEN?

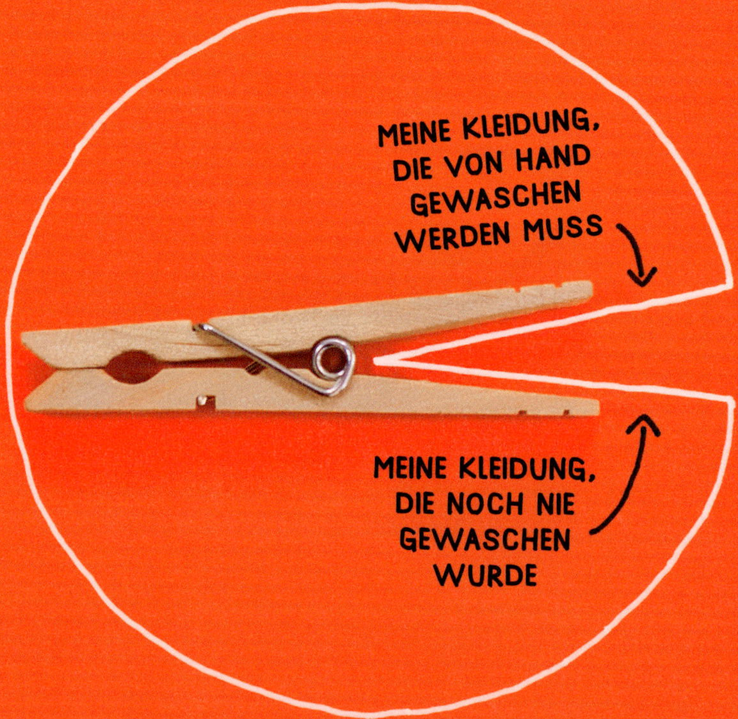

IST SCHON WIEDER HOCHZEITSSAISON?

SOLL ICH DAS KAUFEN?

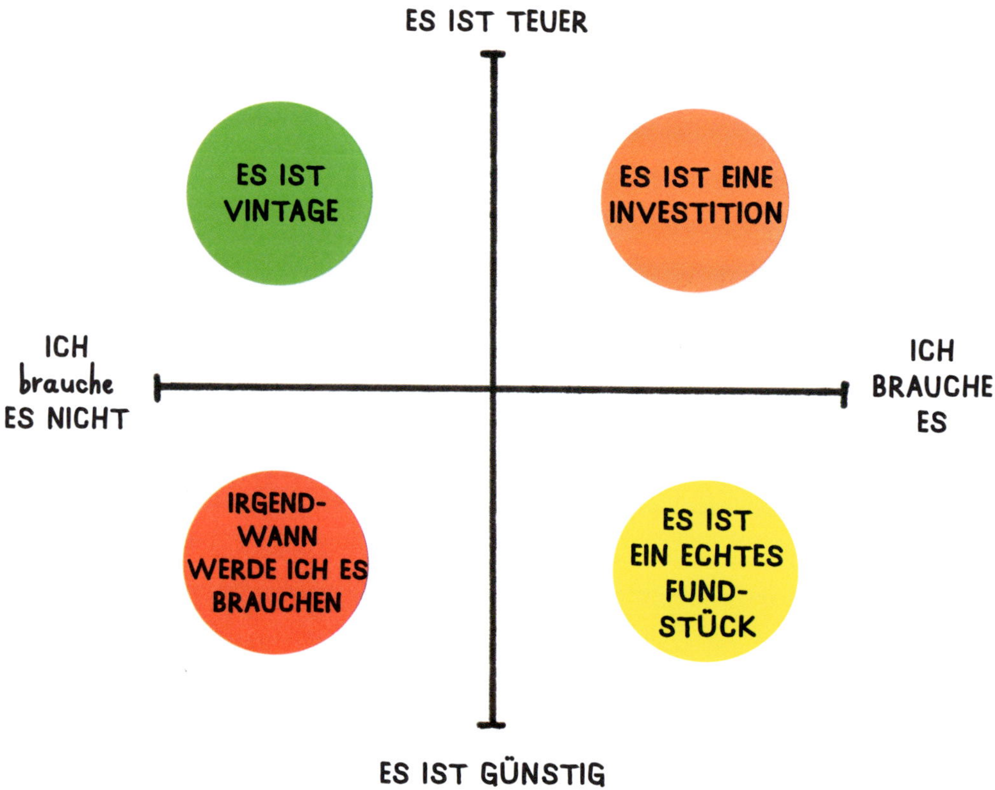

SOLL ICH DAS AUSMISTEN?

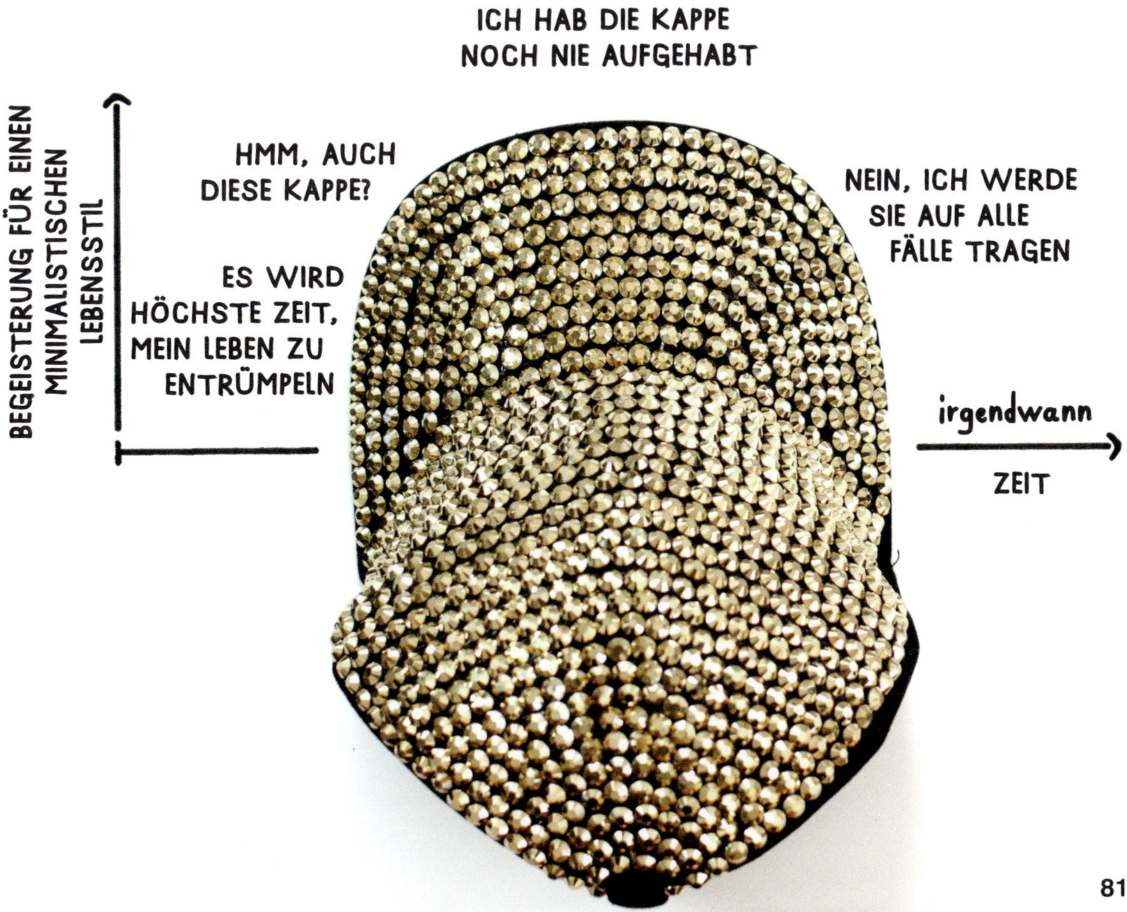

IN WELCHE TONNE KOMMT DAS?

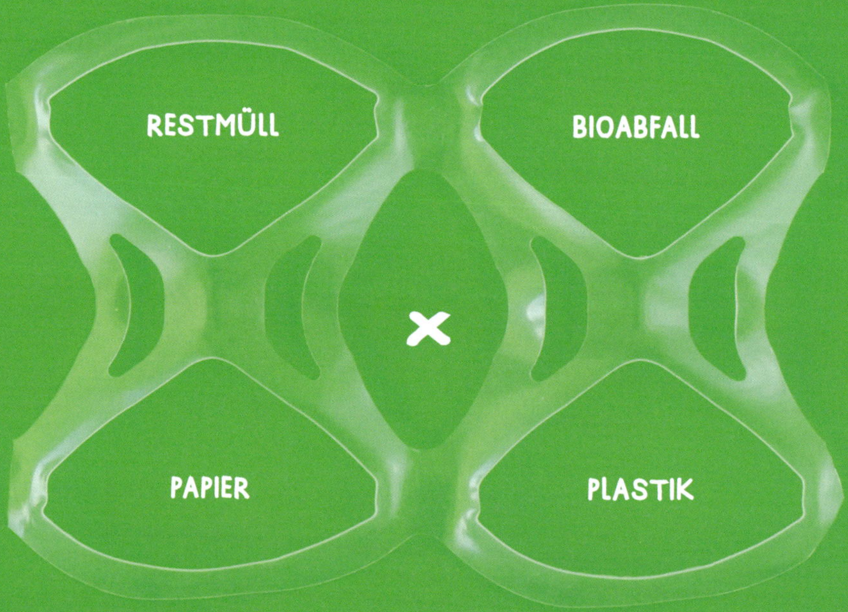

* ICH WEISS ES NIE SO GENAU. ABER EINS IST SICHER: DIESE SIXPACK-RINGE MUSST DU ZERSCHNEIDEN, SONST VERLETZEN SICH DIE DELFINE.

BENUTZE ICH ZU VIEL PLASTIK?

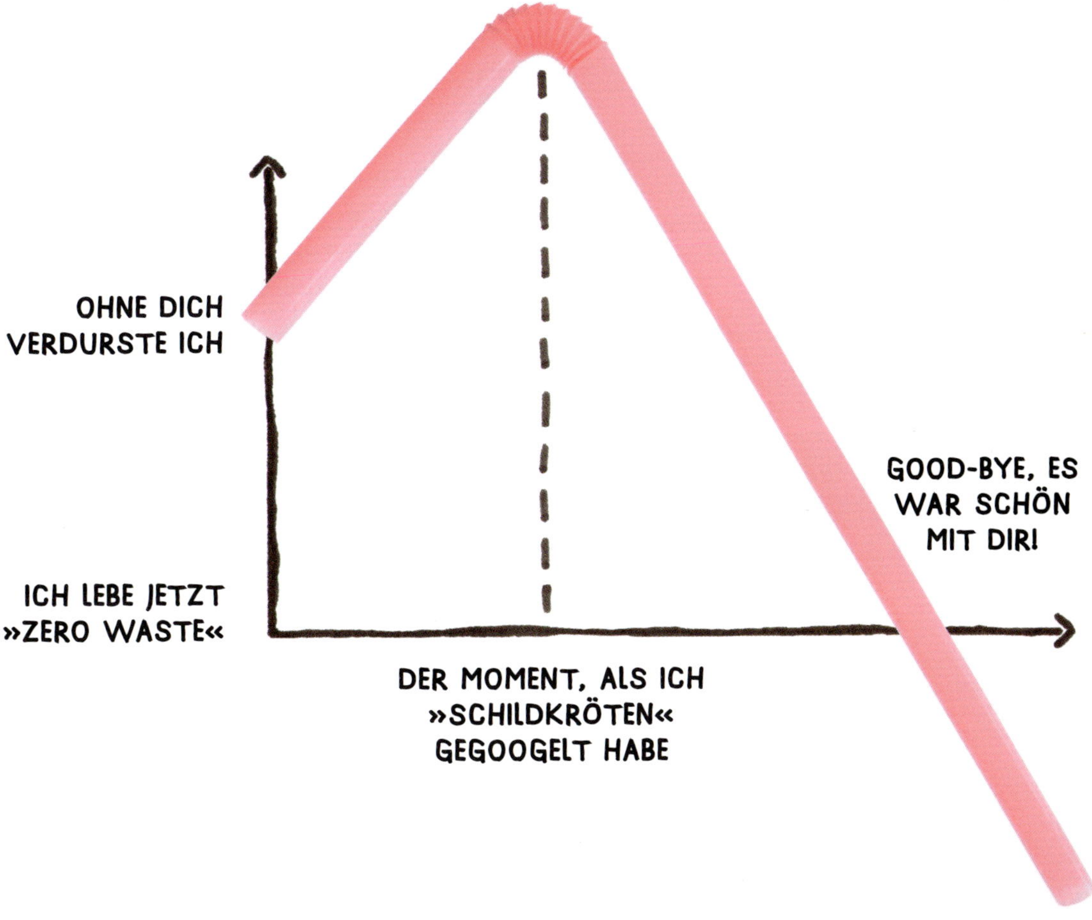

SICH DEN KOPF ZERBRECHEN ÜBER …

BEZIEHUNGEN

WERDE ICH DAS BEREUEN?

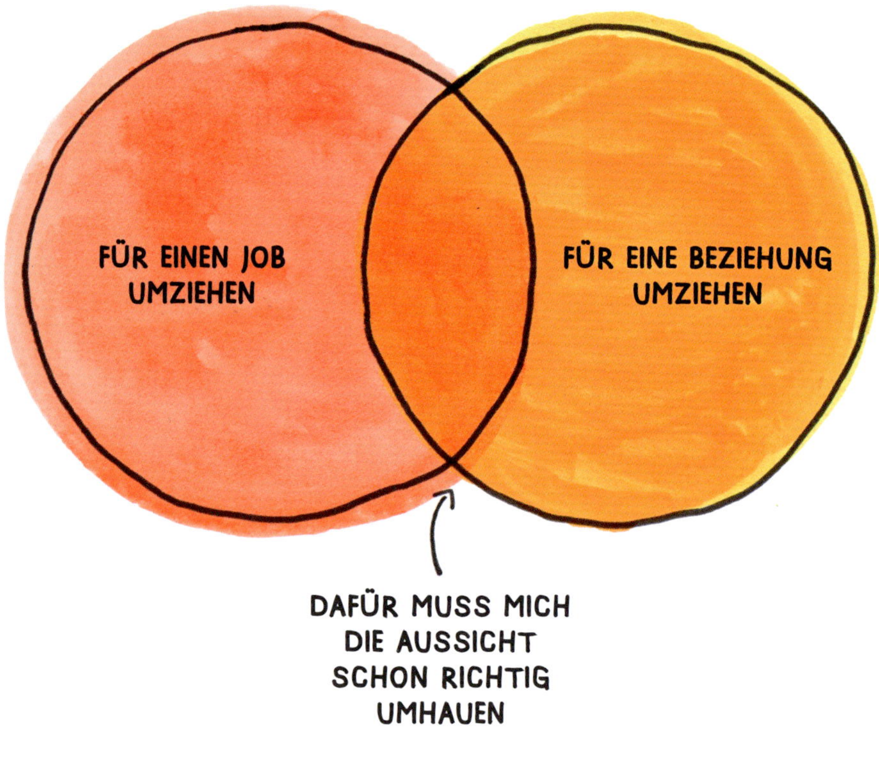

WIRD UNSERE BEZIEHUNG DAS ÜBERLEBEN?

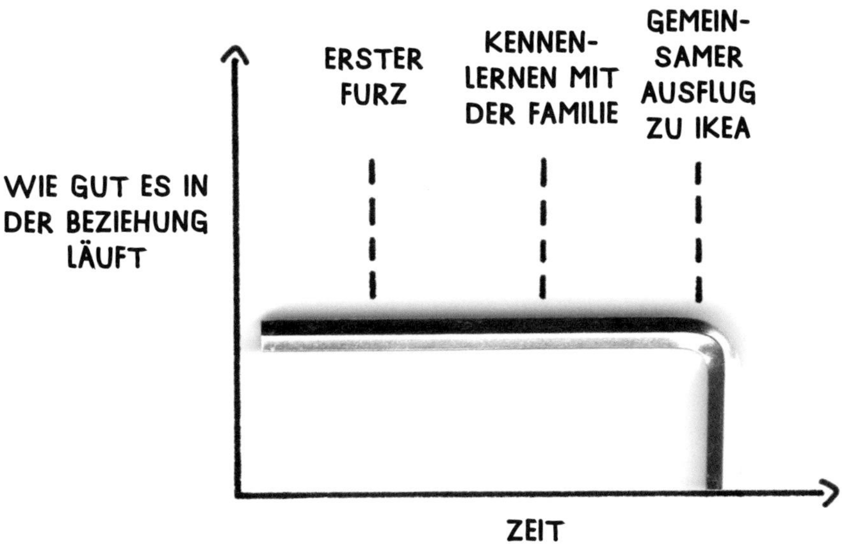

WAS SOLL DAS BEDEUTEN?

<table>
<tr><th>SIE SAGTEN...</th><th>VIELLEICHT BEDEUTET ES</th><th>WAHRSCHEINLICH BEDEUTET ES</th></tr>
<tr><td>VIEL STRESS BEI DER ARBEIT</td><td>VIEL STRESS BEI DER ARBEIT</td><td>DU BIST NICHT WICHTIG</td></tr>
<tr><td>ICH KOMME GERADE AUS EINER BEZIEHUNG</td><td>ICH BIN BEREIT FÜR WAS NEUES</td><td>ICH LIEBE MEINE EX NOCH</td></tr>
<tr><td>ICH WILL NICHTS FESTES</td><td>ICH BIN REIF UND ERWACHSEN</td><td rowspan="2">ICH HALTE MIR ALLE OPTIONEN OFFEN</td></tr>
<tr><td>VIELLEICHT SOLLTEN WIR EINE PAUSE EINLEGEN</td><td>ICH BRAUCHE ZEIT ZUM NACHDENKEN</td></tr>
<tr><td>[NICHTS]</td><td>DAS ZEITLICHE GESEGNET?</td><td>SORRY, KEINE ZEIT MEHR FÜR DICH :(</td></tr>
<tr><td>ICH VERMISSE DICH</td><td>ICH WILL DICH ZURÜCK</td><td>DU SIEHST GLÜCKLICH AUS</td></tr>
</table>

IST DAS DAS AUS FÜR MEINE BEZIEHUNG?

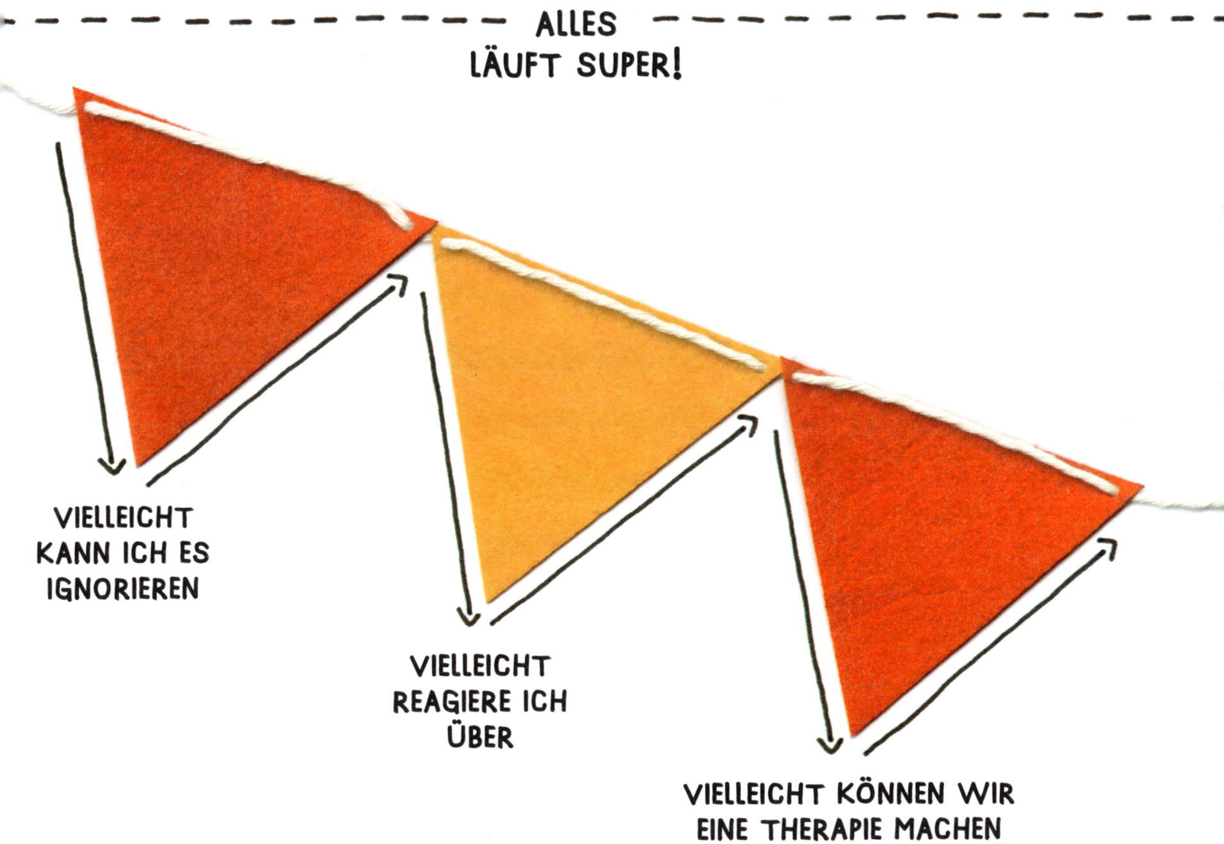

PASSEN WIR ZUSAMMEN?

KOMMST DU MIT MEINEN MACKEN KLAR?

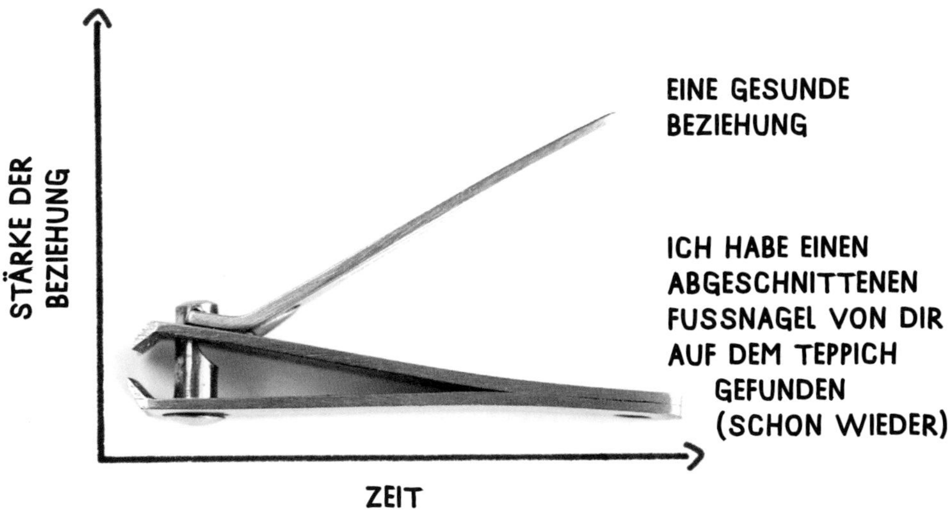

BIN ICH EINE SCHLECHTE FREUNDIN?

EIN QUIZ

EINE FREUNDIN ERHÄLT EINE GUTE NACHRICHT (EINE *richtig* GUTE)

WIE GEHT'S DIR DAMIT?

WENN ICH EHRLICH BIN, BIN ICH ZIEMLICH NEIDISCH. GENAU DAS WOLLTE ICH JA AUCH SCHON LANGE.

UND AUSSERDEM?

OKAY, OKAY.

ICH FREU MICH SOOO FÜR SIE!!!!

WAS FÜR EIN F·R·I·E·N·D BIN ICH?

EIN EINFACHERES QUIZ

↓

SUCH DIR EINE SPRECHFREQUENZ
AUS, DIE DIR ZUSAGT

DU BIST JOEY

DU BIST JANICE

DU BIST CHANDLER

WENN DU DIE WISSENSCHAFTLICHKEIT
DIESES QUIZ' ANZWEIFELST,
BIST DU ROSS

VIELLEICHT SOLLTEN WIR MAL REDEN?

MEINE ANSICHTEN

DEINE ANSICHTEN

VIELLEICHT KÖNNTEST DU DAS
JA MAL DURCH MEINE BRILLE
BETRACHTEN*

*AUSSER EINER VON UNS LIEGT
SO RICHTIG DANEBEN

FREUST DU DICH SCHON AUF DIE FEIERTAGE?

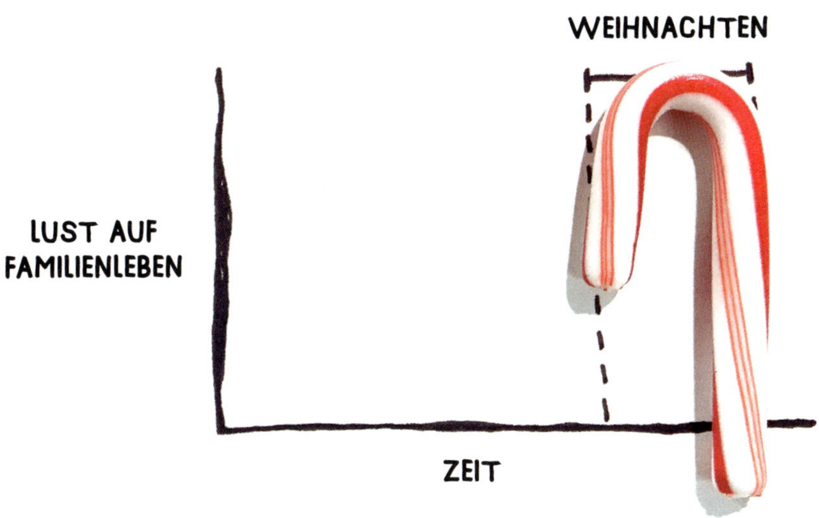

WIRD DAS ELTERNSEIN ALLES VERÄNDERN?

TÄGLICH BZW. FAST TÄGLICH | EINMAL DIE WOCHE REICHT

DAS BABY IST DA

DIE HAARWASCH-FREQUENZ

HM, OKAY, ICH MEINTE TATSÄCHLICH alles

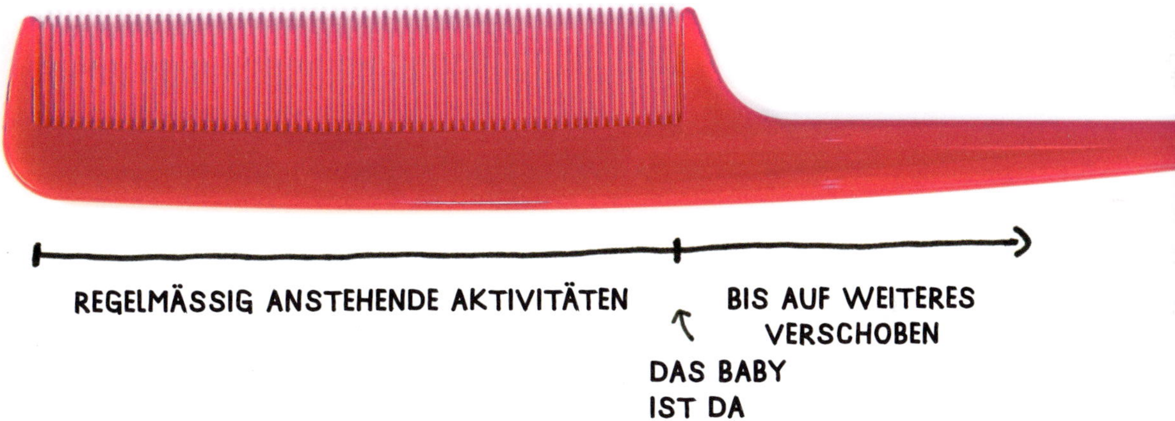

DIE »ALLES-ANDERE«-FREQUENZ

SICH DEN KOPF ZERBRECHEN ÜBER …

DIE KLEINEN DINGE IM LEBEN

WAS IST

BPA-BEHÄLTER

MEINE EIGENE DOSE MITBRINGEN

ALUMINIUM-DEOS

ICH RIECHE KOMISCH

PESTIZIDE

WURMBEFALL??

TEFLON

VERKRUSTETE PFANNEN

(WÄHLE DAS KLEINERE ÜBEL)

SCHLIMMER?

BLEICHMITTEL

DIE WÄSCHE WIRD NICHT RICHTIG WEISS

VERARBEITETES FLEISCH

DAS HÄLT NUR NOCH BIS MORGEN

VERSTECKTER ZUCKER

JEDES ETIKETT GENAU STUDIEREN

GENMANIPULIERTE LEBENSMITTEL

MEIN GANZES GELD FÜR BIO-PRODUKTE AUSGEBEN

SOLLTE ICH MIR SCHON GEDANKEN ÜBER MEIN HALLOWEENKOSTÜM MACHEN?

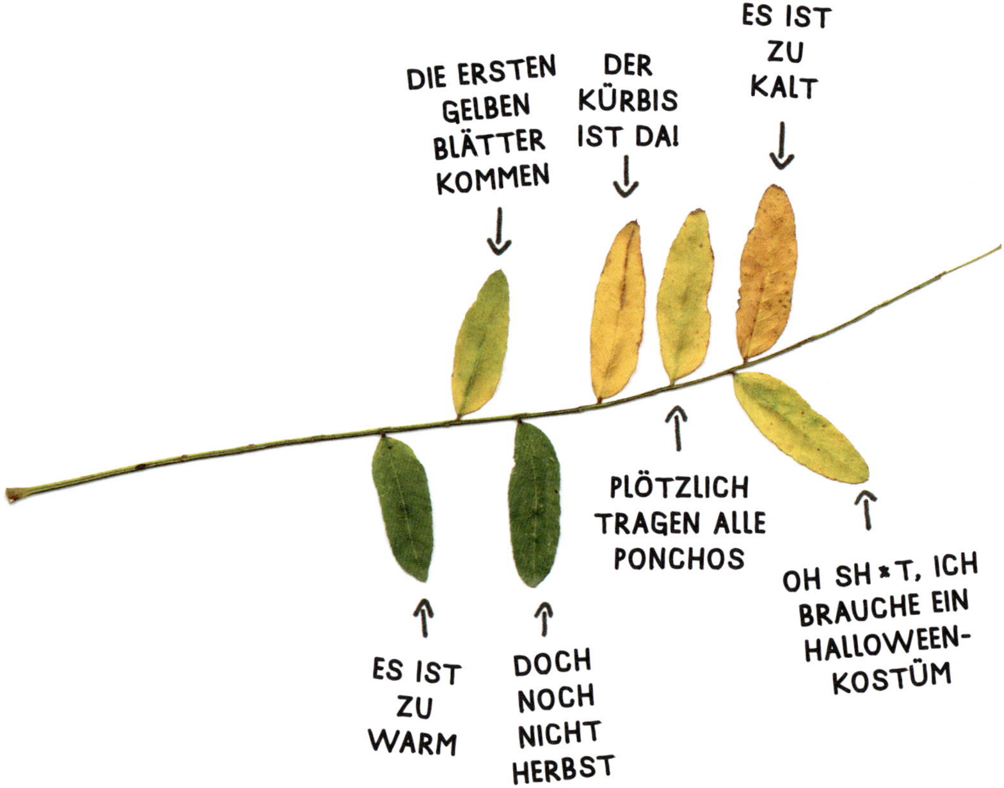

WIE ÜBERSTEHE ICH DEN NÄCHSTEN WINTER?

BEDÜRFNIS NACH SELBSTVERWIRKLICHUNG:

EINE MÜTZE MIT BOMMEL

BEDÜRFNIS NACH ANERKENNUNG:

EINE WARME JACKE, DIE SUPER AUSSIEHT

BEDÜRFNIS NACH GEMÜTLICHKEIT:

STIMMUNGSVOLLE MUSIK, WEICHE DECKEN, LICHTERKETTEN, HEISSE SCHOKOLADE, GLÜHWEIN, GROG

BEDÜRFNIS NACH GEBORGENHEIT:

DER PERFEKTE PLATZ IN MEINEM LIEBLINGSCAFÉ

MITTEL ZUR BEWÄLTIGUNG DES WINTERS (HIERARCHISCH GEORDNET)

IST MEIN HAARSCHNITT HÄSSLICH?

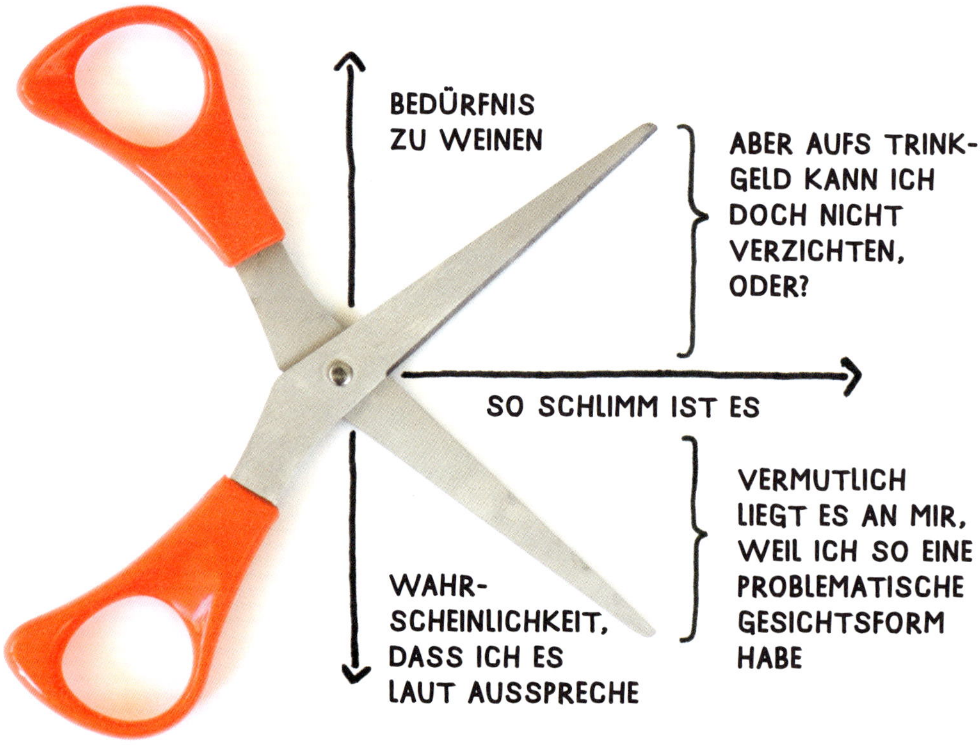

WIE VIEL TRINKGELD SOLL ICH GEBEN?

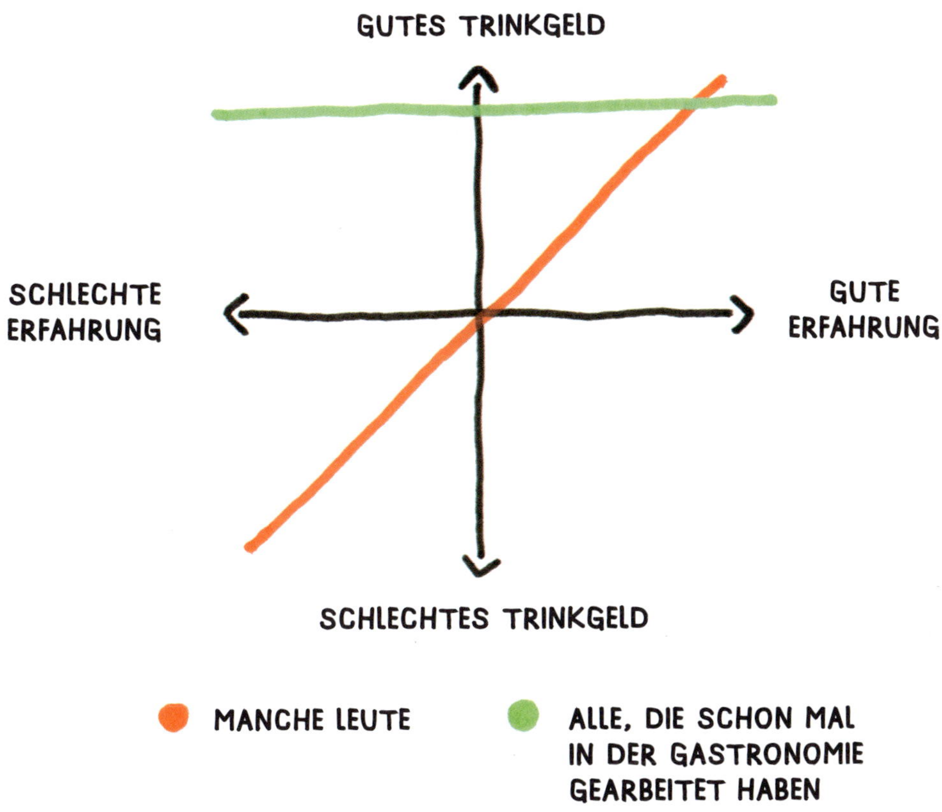

WERDE ICH DIE MATHEMATIK, DIE ICH IN DER SCHULE GELERNT HABE, JEMALS GEBRAUCHEN?

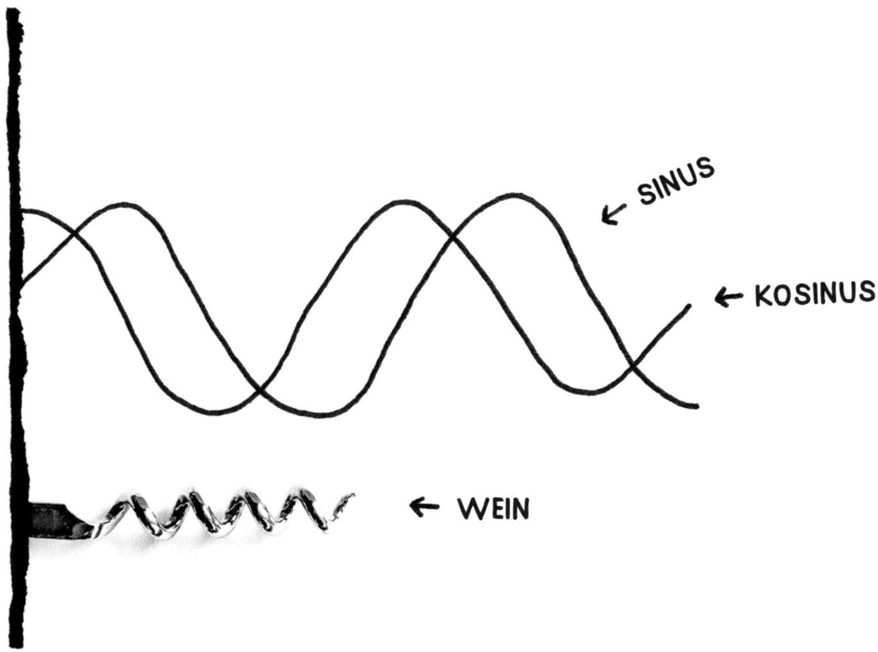

WIESO KOMME ICH BLOSS immer ZU SPÄT?

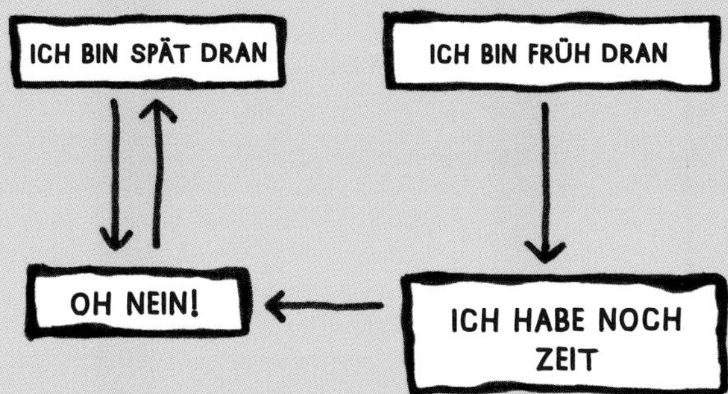

WARUM FAHRE ICH NICHT ÖFTER FAHRRAD?

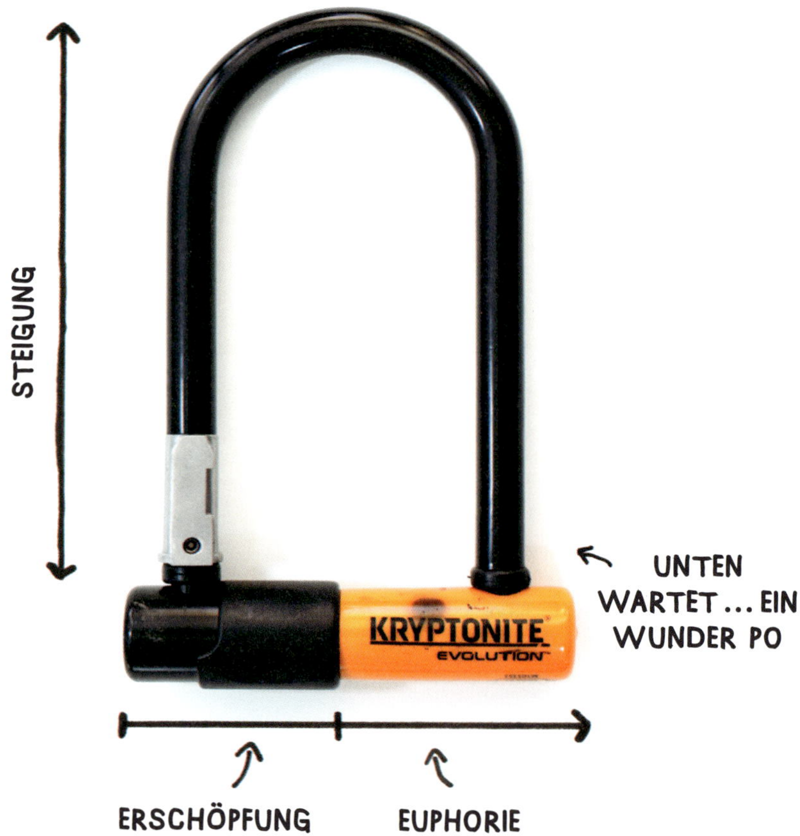

WAS IST MIT MEINEM AUTO LOS?

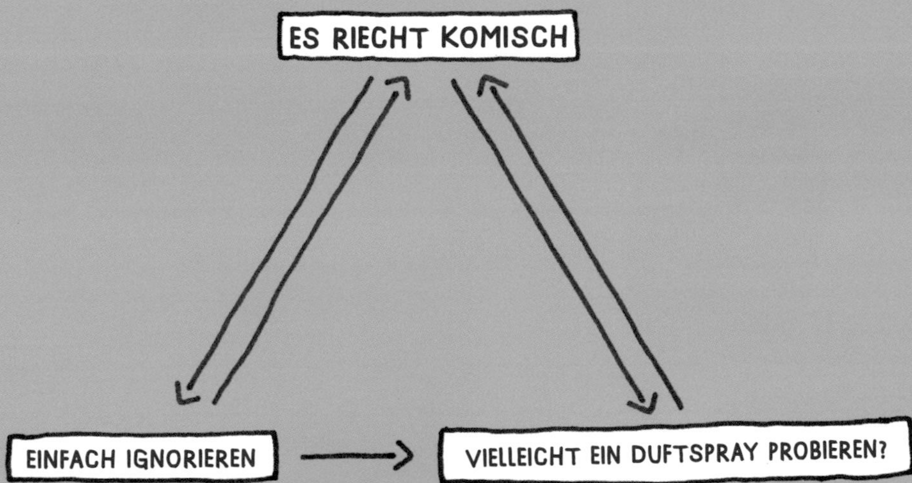

KANN ICH VON DIESEM CAFÉ AUS ARBEITEN?

IST DIR DAS[×] AUCH SCHON MAL PASSIERT?

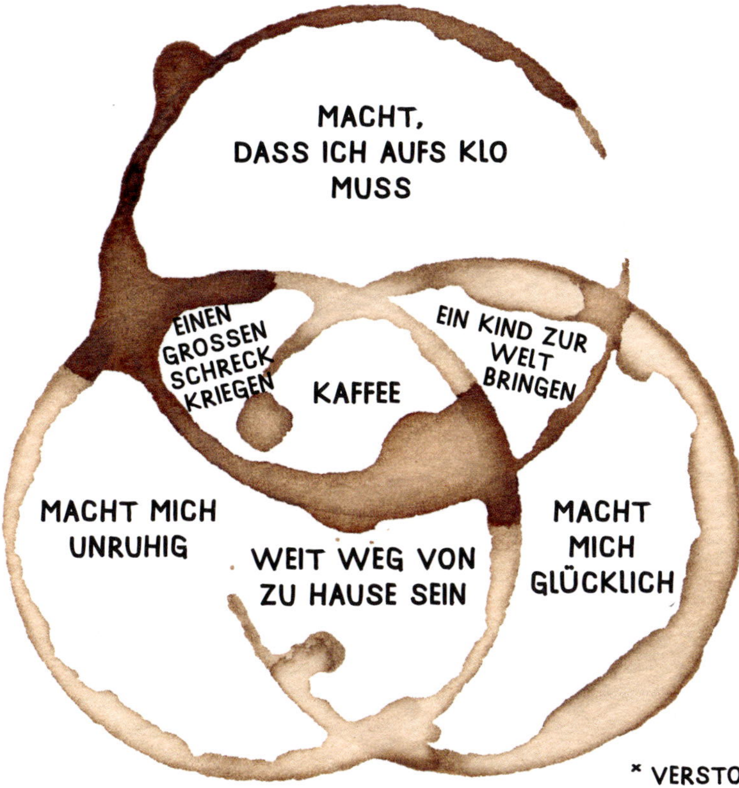

[×] VERSTOPFUNG IM URLAUB

VERBRINGE ICH GENÜGEND ZEIT IN DER NATUR?

WAS KANN ICH VON DER NATUR LERNEN?

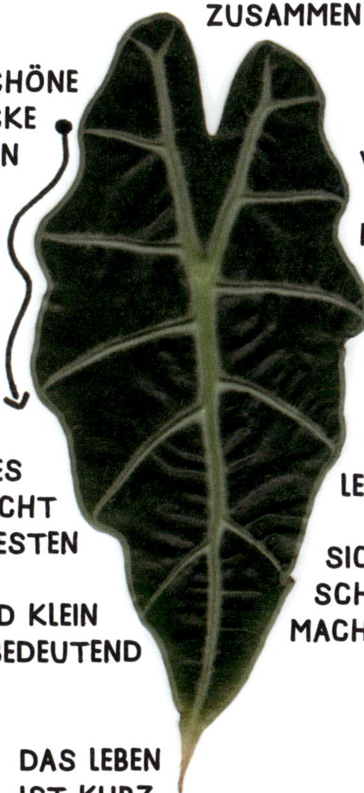

SICH DEN KOPF ZERBRECHEN ÜBER …

DIE GROSSEN DINGE IM LEBEN

WIE FINDE ICH EINEN GUTEN ARZT?

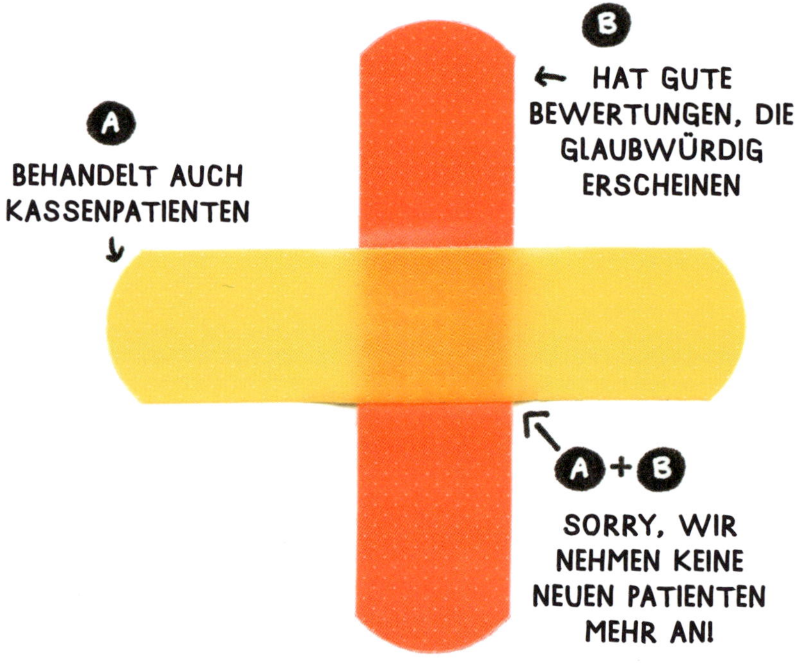

WAS, WENN ES DIESMAL wirklich WAS ERNSTES IST?

GUT DARAN WÄRE	SCHLECHT DARAN WÄRE
ICH HATTE RECHT	ES IST WAS ERNSTES
DAS ERKLÄRT ALL MEINE PROBLEME	
ICH BIN KEIN HYPOCHONDER	
MIR KANN VIELLEICHT GEHOLFEN WERDEN	
DIE LEUTE WERDEN MICH JETZT ENDLICH VERSTEHEN	

WIE BLEIBE ICH ENTSPANNT?

TUE ICH GENUG?

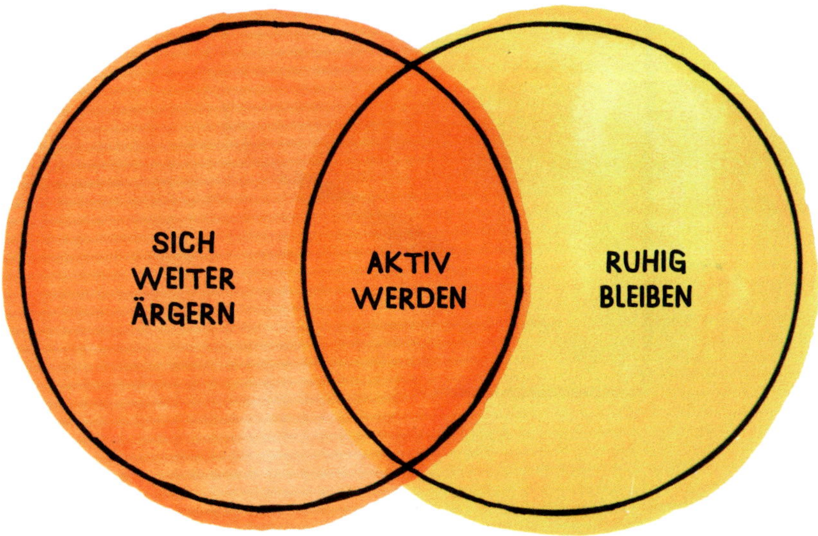

MUSS ICH MIR WIRKLICH SORGEN ÜBER DEN KLIMAWANDEL MACHEN?

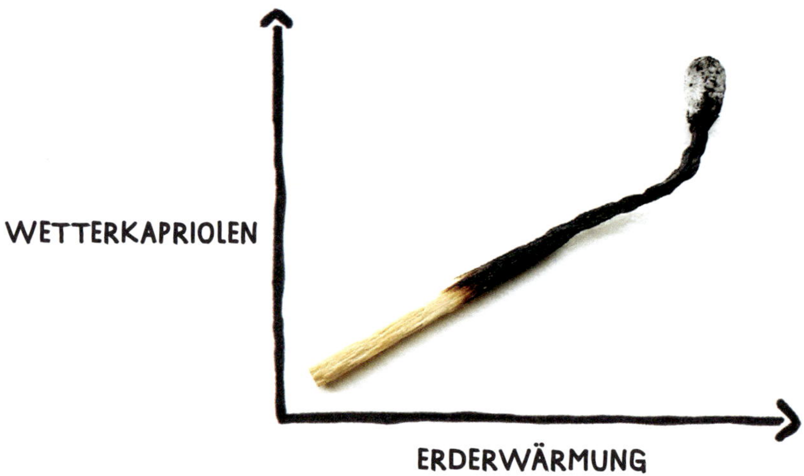

WAS, WENN ES SCHON ZU SPÄT IST?

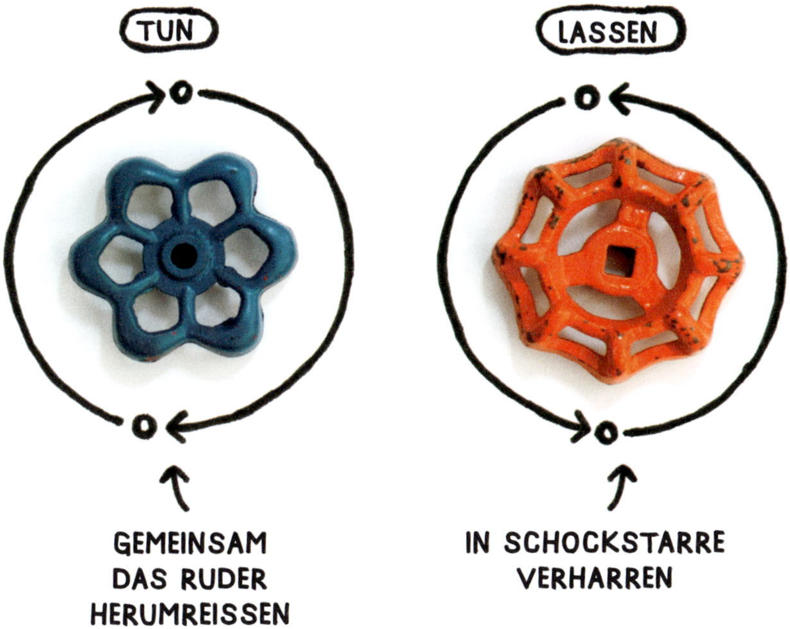

WIE KANN ICH HELFEN?

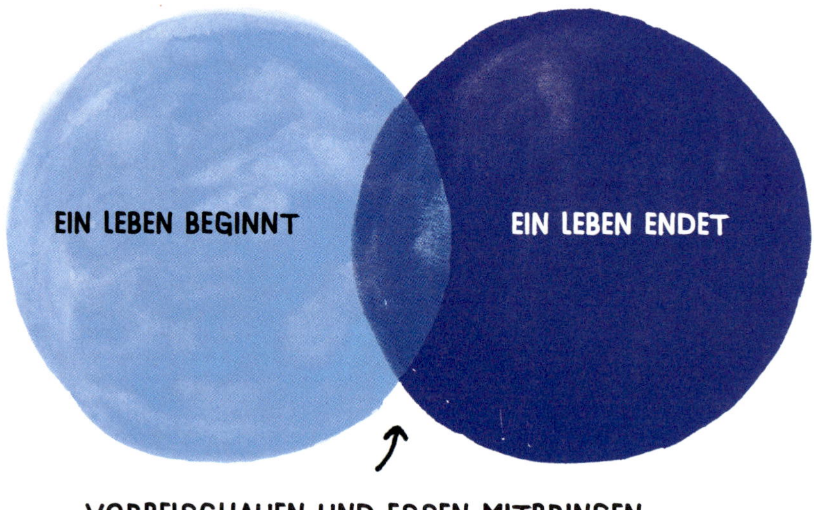

WOFÜR SOLL MAN DANKBAR SEIN?

IRGENDWAS GIBT'S IMMER						
DAS LEBEN	DAS LEBEN	DAS LEBEN	POP-CORN	DAS LEBEN	DAS LEBEN	SPRUDEL-WASSER
DAS LEBEN	DAS LEBEN	DIE LIEBE	DAS LEBEN	DAS LEBEN	GESUND-HEIT	DAS LEBEN
WASSER	DAS LEBEN	DIE FAMILIE	DAS LEBEN	BEWE-GUNG	DAS LEBEN	DIE NATUR
MUSIK	TANZEN	DAS LEBEN	FREUNDE	EINE TASSE TEE	SAUBERE LUFT	EIN DACH ÜBERM KOPF
LACHEN	SON-NEN-SCHEIN	DAS LEBEN				

IST DAS

JETZT

KLAR?

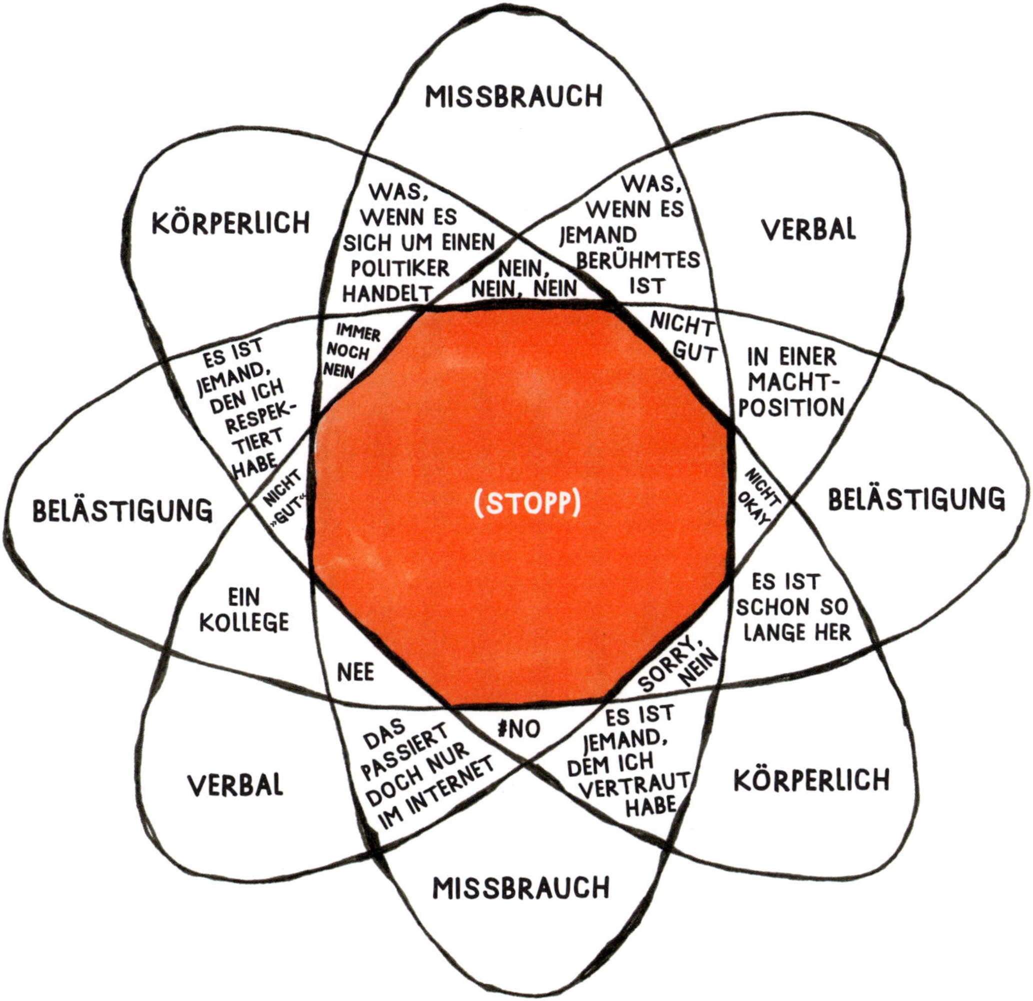
MISSBRAUCH
KÖRPERLICH
VERBAL
WAS, WENN ES SICH UM EINEN POLITIKER HANDELT
WAS, WENN ES JEMAND BERÜHMTES IST
NEIN, NEIN, NEIN
IMMER NOCH NEIN
NICHT GUT
ES IST JEMAND, DEN ICH RESPEKTIERT HABE
IN EINER MACHTPOSITION
NICHT „GUT“
NICHT OKAY
BELÄSTIGUNG
(STOPP)
BELÄSTIGUNG
EIN KOLLEGE
ES IST SCHON SO LANGE HER
NEE
SORRY, NEIN
#NO
DAS PASSIERT DOCH NUR IM INTERNET
ES IST JEMAND, DEM ICH VERTRAUT HABE
VERBAL
KÖRPERLICH
MISSBRAUCH

HABE ICH MICH ZU SEHR IN DIE SACHE VERBOHRT?

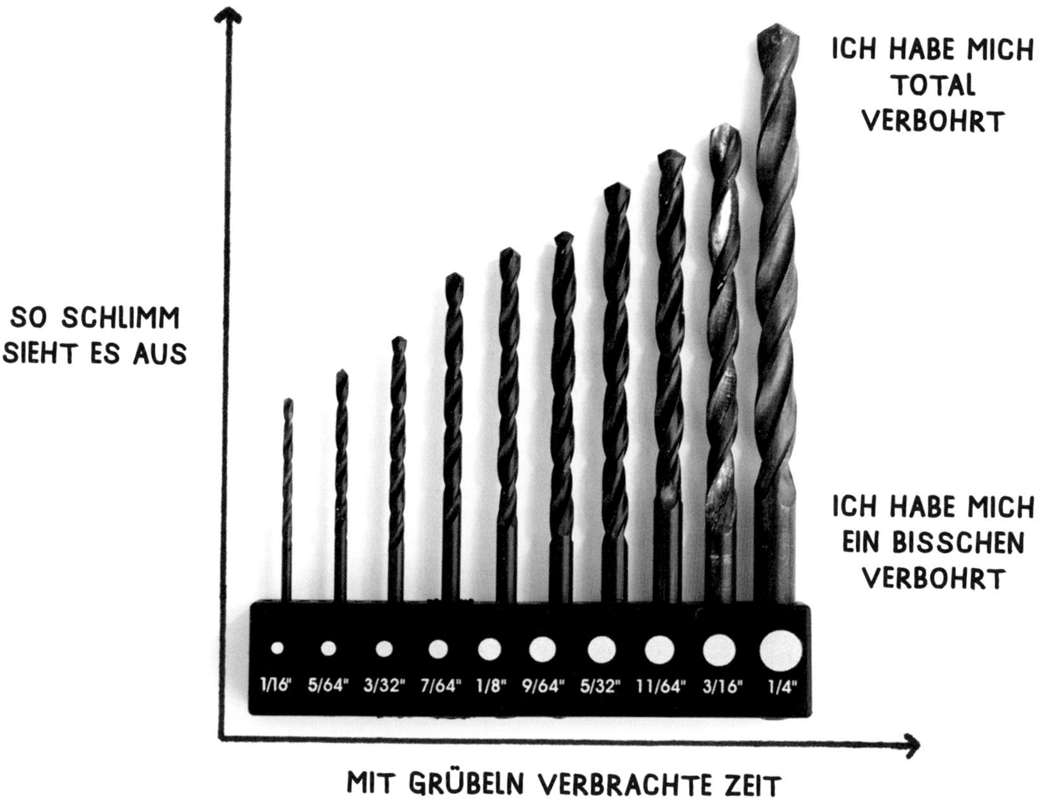

SOLLTE ICH MIR EINE ATEMPAUSE GÖNNEN?

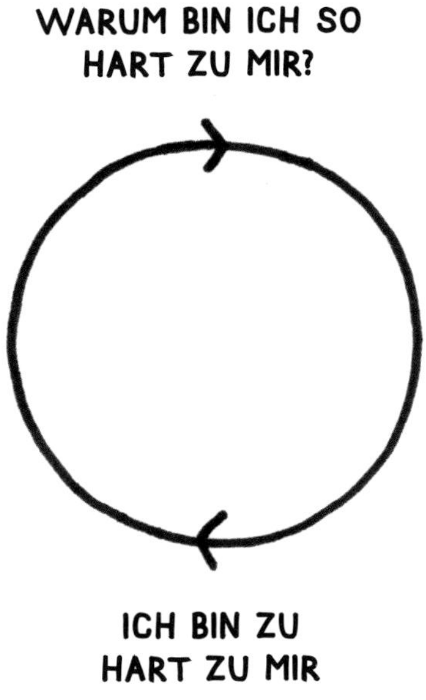

WAS WÜRDEN DIE BEATLES TUN?

SAG MIR, WIE MISST MAN*, MISST MAN EIN JAHR?

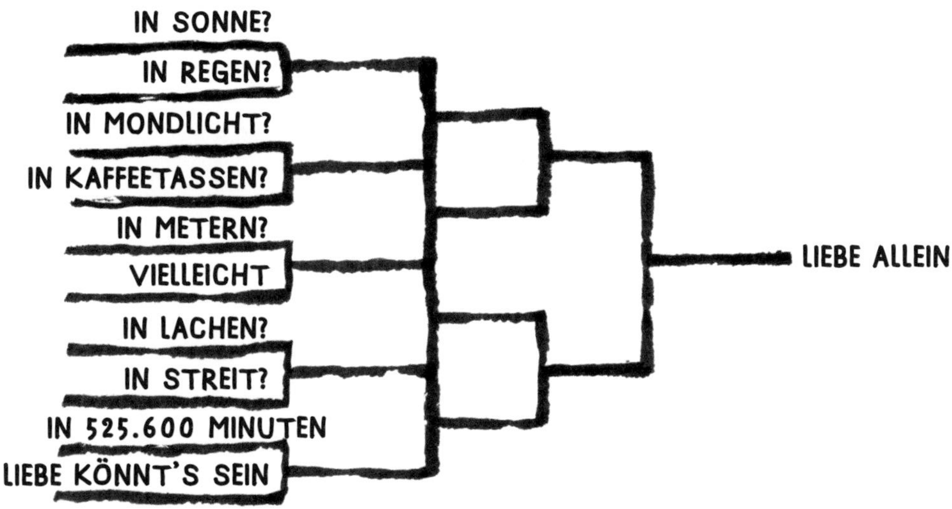

* DEM MUSICAL »RENT« ZUFOLGE

ENDE GUT,

ALLES GUT?

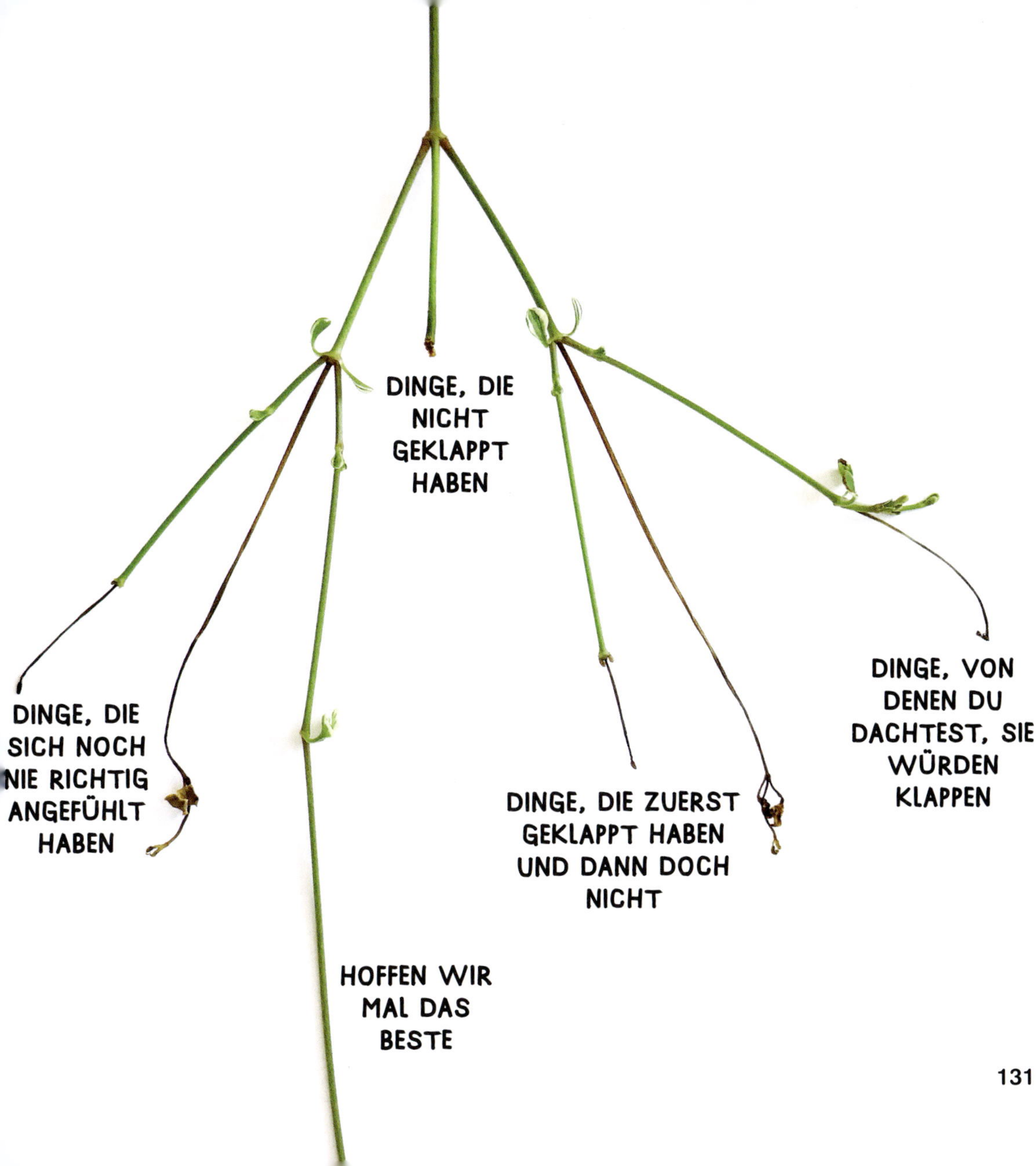
DINGE, DIE NICHT GEKLAPPT HABEN
DINGE, DIE SICH NOCH NIE RICHTIG ANGEFÜHLT HABEN
DINGE, VON DENEN DU DACHTEST, SIE WÜRDEN KLAPPEN
DINGE, DIE ZUERST GEKLAPPT HABEN UND DANN DOCH NICHT
HOFFEN WIR MAL DAS BESTE

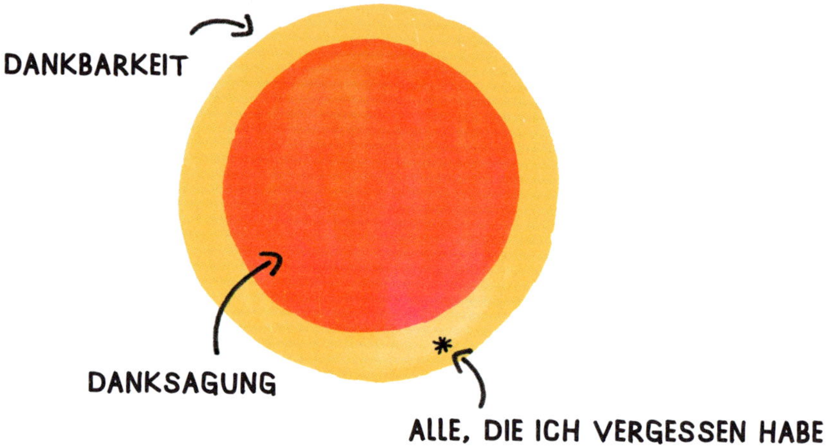

Ich bin so dankbar dafür, dass ich dieses Buch in die Welt entsenden kann, und ich danke allen, die das ermöglicht haben.

Ein großes Dankeschön geht an meine Lektorin, Deanne Katz, und an den Rest des Teams von Chronicle Books – dafür, dass sie sich dieses Projekts angenommen und es mit gestaltet haben.

Ich danke meiner Freundin Vanessa Hope Schneider, die für mich Agentin gespielt hat. Sie hat mich ermuntert, dieses Projekt in Angriff zu nehmen, bevor ich selbst den Mut aufbringen konnte.

Vielen Dank an all die Jessicas: Saia, für die Chance, meine »selbstgemachten Grafiken« zu Geld zu machen; Misener, dafür, dass sie mich angestellt hat, um hauptberuflich Grafiken zu erstellen; und Hische für die erste Grafik, in die ich mich verliebt habe.

Außerdem möchte ich Jason Kottke, Nathan Pyle, Adam J. Kurtz, Caroline Siede, Champ Teepagorn und vielen weiteren Internet-Künstlern danken, die mich unerwarteterweise unterstützt haben, indem sie meine Kunst geschätzt und geteilt haben.

Danke an Tim, Margaret und Rob, die mir im wahrsten Sinne des Wortes geholfen haben, meinen Kopf aufrecht zu halten.

Ich danke meiner Familie für ihre Liebe und ihre Unterstützung. Danke an meinen Vater, José, der meine Faszination für die Muster und Mathematik hinter alltäglichen Dingen geweckt hat, und an meine Mutter, Omaira, die mein größter Fan ist. Alexa, spiel »Las Mañanitas«.

Am allermeisten aber möchte ich mich bei Lenny bedanken – für die unendliche Unterstützung, den Optimismus, und die Tanzpausen. Es tut mir Leid, dass ich so ein Chaos angerichtet habe.